Die Würde ist antastbar

Ferdinand von Schirach

尊严

我们侵犯也被侵犯

[德]费迪南·冯·席拉赫——著

姬健梅——译

浙江人民出版社

序

本书的作者席拉赫先生的身份与我一样，是一位刑辩律师。作为刑事辩护律师，在为犯罪嫌疑人、被告人辩护的过程中，常常受到各种质疑。当你为无辜的人辩护时，人们将你称为正义的化身；当你为贪官污吏辩护时，人们称你为腐败的帮凶：一会是天使，一会又变成了魔鬼。这样的境遇，使刑辩律师们不得不常常思考有关人的权利和尊严的问题。

人的权利是什么？政府是否可以以安全为名牺牲个人的自由，或者基于救人的借口实施侵犯人的尊严的行为？我们能否为了多数人的利益而牺牲少数人的利益？坏人是否享有权利？警察执法能否使用暴力？使用暴力的后果是什么？这个后果是否足以产生威慑而使警察真的认真对待这一问题？……

本书展现出来的这些问题，不仅是我们当下思考和争论的问题，在世界范围内也一直争论不休。

我们将视野聚焦到国内，对人的权利的重视和保护经历了一个逐步发展的过程，其间有曲折，也有坎坷。人的权利和尊严的争取之路，从来都不简单。随着我国法制建设的发展，国家越来越重视对人的权利的保护。2004年的宪法修正案将“国家尊重和保障人权”写入宪法。2012年，新《刑事诉讼法》增加尊重和保护人权的内容，刑诉法的功能，从以惩治犯罪为主发展为惩治犯罪与保障人权并重；并且从证据制度、强制措施、侦查程序、审判程序、执行程序、辩护制度等各方面增加了保障人权的内容，各种非法证据排除规定也陆续出台。《刑法》中经济犯罪的死刑在逐步取消，死刑罪名越来越少，并且在适用上也强调少杀慎杀，无不体现对人的权利的重视和保护。

更令人欣慰的是，人们的权利意识也越来越强。随着舆论手段的多元化，人们越来越多地关注和加入对权利问题的探讨。于欢案，引起了人们对于在人格尊严遭受侵犯的时候，公民是否享有正当防卫权的争论，二审法院最终在判决中将此明确。最近频频发生的警察暴力执法的事件，又引起了新一轮关于警察执法规范化的热烈探讨。这些民间的探讨必将促进国家进一步规范和完善人权保障法律体系。

保护人的权利是一个老话题，更是一个新话题，这是因为我们在对这个问题的思考和处理中经历过太多的困惑和波折，也被灌输过各种不同的理念，至今还难以自拔。从困惑中警醒，从误区中走出，才是我们真正迈向法治社会的必由之路。

席拉赫先生的这本书闪烁着人性的光芒，展现了他对人的尊严的深刻思考，书中探讨的话题很多与我们当下面临的状况不谋而合。值得一提的是，在简洁、不过度修饰的文字背后，处处可见作者富有艺术性的层层诘问。我想，读者在阅读本书时，尤其可以体验到思辨带来的乐趣。

田文昌

2017年9月5日于北京

目 录

人之尊严常被侵犯

——恐怖主义何以将决定民主

用一条命换三条命，多数人或许会觉得不妥。然而，若用一条命换三百条命呢？人之尊严不可侵犯，这尊严究竟是什么？

诸位看了被各家电视台称为大选高潮的总理候选人辩论了吗？主持人一再质问社会民主党候选人斯坦布鲁克：默克尔总理对美国国土安全部窃听一事处理不力，是否等同违背了就职誓言？她是否未能让德国人民免于受到伤害？

斯坦布鲁克的回答始终模糊："默克尔女士必须履行她的就职誓言。"这个问题的确该问，因为它触及了一个基本问题：政府本身的违法。政府以安全为名牺牲了我们的自由，但是我们生活在一个民主国家，可以改变这件事。关键在于我们想不想改变。

二〇一一年五月二日深夜，美国士兵射杀了恐怖分子本·拉登，射杀令由美国总统下达。本·拉登死亡的消息一公布，美国人欢呼起来，纽约市民开心地上街跳舞。奥巴马自豪地宣称："正义获得了伸张。"不久之后，默克尔说："对于能成功狙击本·拉登，我感到十分高兴。"

为了让我们不至于对默克尔的"高兴"有所纳闷，同党的国会议员考德做了解释：总理当然是以符合基督教信仰的方式感到高兴。他说："身为基督徒，我认为世间有邪恶，而本·拉登是恶人。当世间之恶减少了，身为基督徒是可以感到高兴的。"

但事情也许并没有这么简单。单单一个人或一个政府真的可以身兼原告、辩护律师及法官来决定谁该活、谁该死吗？有许多人试图证明这样做是对的，但是大多数研究国际法的人都加以驳斥。如果仔细观之，我们违背内心存有的想要复仇的意愿，而制定出的所有这些法律及国际法规定所彰显的是另一件事，它隐藏在这些法律及国际法规定的背后，比这些法律及国际法规定本身更为重要。

一八八四年七月五日，英国小型货轮“木樨草”号遇上了风暴，漂流到大海上，在距离好望角大约一千六百里处倾覆沉没。船上共有四人：船长、两名强壮的水手和一名瘦弱的十七岁见习水手。他们幸运地搭上了救生艇逃生。等到风平浪静的时候，他们开始检查小艇上的存粮：只有两罐萝卜。他们因此撑了三天。第四天，他们捕获一只小海龟，又撑到了第十二天。小艇上没有水，他们只能偶尔用外套接点雨水来喝。

暴风雨过后的第十八天，他们已经七天没吃东西了，于是船长提议杀死他们当中的一人，以拯救其他人。三天之后，船长想出了抽签这个主意，抽到死签的人将被杀。但三个人随即想到自己都有家人，而见习水手只是个孤儿，于是抛掉了抽签的主意，认为不如干脆杀死那个少年。到了隔天早晨，他们仍然看不见获救的可能，船长就单刀直入地向少年开口。少年躺在小艇一角，口渴得快要发疯，先前他喝了海水，身体虚脱，眼看再过几个小时就会死亡。船长告诉他时候到了，一刀刺进了他的脖子。

接下来，三名船员吃少年的肉、喝少年的血。撑了两天后，一艘船经过，船上乘客发现了这艘小艇。三名生还者获救，被送回英国。英国的每一家报纸都报道了这件事，欧洲的报纸也几乎都对此加以报道，头版上刊载了描绘这桩骇人事件的插图，所有的细节都被一一呈现在读者眼前。

舆论纷纷站在船员那一边，认为他们情非得已，也吃尽了苦头。尽管如此，他们还是被逮捕，交由法院审判。其中一名水手愿意担任证人，因此没有被起诉。这一事件以“女王诉杜德利与斯蒂芬案”在法律史上留名，杜德利和斯蒂芬是那两名船员的名字。那场审判只提出了一个问题：那些船员可以为了拯救自己而杀死那名见习水手吗？用一条命换三条命，法庭必须判定这种算盘是否能被允许。

我推测在这桩案子上，法官若是宣判无罪，多数人会感到不太对劲。可是请各位不妨换个数目来想。假如靠着那个死去的少年而活下来的船员不是三个，而是三百个呢？假如那个数目是三万乃至三十万，情况会有所

THE ILLUSTRATED LONDON NEWS

No. 2370.—VOL. LXXXV. SATURDAY, SEPTEMBER 20, 1884. SIXPENCE.

伦敦报纸对女王诉杜德利与斳蒂芬案的报道

杜德利手绘的失事船只“木樨草”号

改变吗？这果真是人数的问题吗？

这个问题并非纯属空想，而是非常实际的：想象一下，一架飞机自科隆波恩机场起飞，一名男子闯进驾驶舱，杀死正副机长后，通过广播宣称这架加满油的飞机将飞往柏林，并撞毁在波茨坦广场上。

德国联邦国防军派了四架拦截机升空，紧跟着那架被劫持的飞机。德国总理从广场旁的办公室撤离。如果德国政府下令击落那架飞机，那么就能拯救数千名无辜的民众。这时政府拿到了乘客名单，机上共有一百六十四名旅客，包括前往柏林的商务人士、两名孕妇、六名孩童和一只狗。政府必须做出决定：相对于数千民众，一百六十四名旅客算什么呢？如果飞机将要坠毁，这些旅客反正也只剩下几分钟可活。换作是你，你会怎么决定？

德国基本法的第一句为“人之尊严不可侵犯”。此言当然并不为真，因为尊严经常受到侵犯。这句话的本意是指我们不应容许人的尊严受到侵犯。这一句之所以摆在德国宪法的开头并非偶然，这是宪法里最重要的一句话。基本法的第一条具有“永久保障”效力，意思是只要基本法还适用，这一条就不能更改。而政治人物也常挂在嘴边的这份尊严究竟是什么呢？德国联邦宪法法院说：尊严意味着绝对不允许将人变成国家行为的纯粹客体。但“变成国家行为的纯粹客体”又是什么意思呢？

这个概念要追溯至康德。康德说：人能够立下自己的道德规范并且据以行事，这一点把人类和所有其他生物区分开来。人认知世界，能够反省自己，因此他是主体，而非像动物或石头一样只是客体。康德把理性的人类称为“人格个体”，只有人格个体才有尊严可言。

叔本华批评康德没有充分界定此一定义。而叔本华的批评并非全然没有道理：康德没有解释为什么一个对本身有自觉的生物就是“人格个体”，而所有其他生物都不是。我认为康德并不需要进一步加以说明。因为不管我们愿不愿意，德国的整体思想深受基督教影响，这与我们是否相信有上帝无关。此一宗教的新意并不在于创造出一个新的上帝，而在于毫不妥协地尊重他人。少了这份尊重，我们的哲学、艺术和文化就无从想象，而对他人的尊重就意味着把对方视为主体。

因此，宪法也比康德更进一步：康德只把有理性的人视为人格个体，排除了孩童或是有心智障碍的人。但对宪法来说，只要是人就足够了。身而为人，就是个主体，并且具有尊严。如果一个人的命运由旁人决定，而他本身不能影响这个决定，亦即如果不问他的意见而径行决定，那么他就成了客体。因此事情很清楚：国家永远不能把一条命拿来和另一条命相衡量。因为人不是物品，没有人能比另一个人更有价值。这一点在人数多时也同样适用。

这只是大学教授和哲学家高高在上的概念吗？只是宪法法官不食人间烟火的决定所做出的要求吗？不，正好相反：各位只需想象一下，假设我们把一条命和另一条命拿来衡量，会发生什么事：有三名病人生命垂危，第一个人少了一个肾，第二个人的心脏随时可能停止跳动，第三个人因失血过多即将死亡。另有一个健康、只患了小伤风的人坐在候诊室里看报。如果我们把人命拿来计算，那么医生就该取那个健康之人的器官和血液来救活另外三个人。正是所谓一命换三命。在这样的世界里，就医看病说不定反而更危险。

尽管如此，“在真实生活中”，碰上劫持飞机的危急情况，我们仍旧会怀疑宪法所做的价值评估是否正确。如果碰到一个人正要引爆一枚炸弹，在万不得已的情况下，我们可以杀死他，也不得不这么做。凡是有理性的人都无法否认这一点。但我们绝不能为求自己活命而牺牲一个无辜的人，不能把生命拿来和生命相衡量，哪怕另一个生命“只是”一个奄奄一息的瘦弱少年或“只是”一架飞机上的一百六十四名乘客。审理“女王诉杜德利与斯蒂芬案”的法官说到了重点：“不论诱惑有多大，也不论（那些船员）所受的苦难有多大……生命的价值如何能加以比较？”接着他又说：“是该比较力气、智力还是其他东西？……在本案中被挑中的是最虚弱、最年轻、最无力反抗的生命。杀死他要比杀死那些成年男子当中的一个来得正确吗？答案必须是不。”

各国政府早已开始质疑这些原则，用愈来愈复杂的方法试图回避此一彰显人人价值相等的明确决定。这种例子比比皆是：奥巴马在二〇〇九年上任之后不久即宣称，美国将继续反恐、反暴力，但会以“尊重吾人价值与理想”的方式进行。他说他将关闭囚禁战俘的关塔那摩监狱，因此他得到了诺贝尔和平奖的殊荣。

美国这个国家过去这一百年来如此辉煌，是全世界自由、公平与正派的捍卫者，此时似乎终于重新记起自己的理想，那一刻令人欢欣。如今距奥巴马发布这份声明已过多年，却仍然有不受法律保护之人在关塔那摩遭到监禁、侮辱和折磨。

这几年在德国也有类似的举措。在一九八五年的一篇文章里，法学家京特·雅科布斯首度把“敌人刑法”和“公民刑法”加以区分。他援引英国哲学家霍布斯的契约理论：脱离社会的人处于一种没有法律的自然状态，因此成为敌人，而打击敌人乃属必要。恐怖分子攻击国家及宪法本身，因此失去公民权，成为不受法律保护之人。

根据这个理论，如果这些人想要摧毁我们的社会，就可以对他们刑讯或加以诛杀，也就是说，假使德国也有像关塔那摩监狱的机构，也属合法。这并非只是抽象的讨论，讨论进行得十分激烈，的确有些持重人士倾向于赞成这种“敌人刑法”。在二〇〇一年的“九一一”事件之后，雅科布斯质疑，法治国家在面对公民时所做的自我约束，在面对恐怖分子时“根本不恰当”。

雅科布斯想根据“敌人刑法”来对抗恐怖分子和黑手党，在马格努斯·葛夫根[1]一案上，则有人讨论，是否应该允许警方用刑讯来侦办令人发指的犯罪行为，尤其是在可能挽救另一条生命时。“为救人而刑讯”这句话广为流传。葛夫根既不是恐怖分子也不是黑手党，尽管如此，还是有许多人马上同意剥夺他身而为人的尊严。就连德国法官协会当时的主席都认为刑讯并非万万不可，也有一些大学教授同意他的看法。

各位也许会认为，在德国，至少那些来自市民阶层的政治人物有足够的理性，不至于因为恐怖分子带来的威胁而限制公民的基本权利。情况却正好相反：二〇〇七年，德国基督教民主联盟、基督教社会联盟和社会民主党这三大政党投票赞成储存通讯信息备用，此举能监视每一个国民。这条法律是在马德里及伦敦遭到恐怖袭击之后制定的，据说唯有如此才能赢得反恐战争。

后来德国联邦刑事局发现，通过储存通讯信息备用顶多只能提高千分之六的破案率。也就是说，为了这么一丁点好处，公民的基本权利轻易被损害。美国国土安全部通过监听来提高破案率估计也不太可能高到哪儿去。后来德国联邦宪法法院判定这条法律违宪而加以废除。而那些政治人物呢？他们没有下台，没有道歉，甚至不觉得惭愧。

支持“敌人刑法”的人、威胁要刑讯犯人的警察、下达杀人令的奥巴马总统、因为本·拉登被杀而表示感到高兴的默克尔总理——他们全都错了。因为人权其实一如友谊，在黑暗、艰难的日子里，尤其要经得起考验，否则就毫无用处。

我们的共识是绝不容许政府故意违反法律，这也是我们宪法的基础，这一共识如今经常遭到违背：无人机在战争中杀死平民；恐怖分子被视为不受法律保护而遭到刑讯；情报机关阅读我们的电子邮件和短信，因为我们全都受到普遍的怀疑。

虽然这一切都并非来自德国政府，而法律也不要求任何人去做他做不到的事。默克尔总理当然无法解散关塔那摩监狱，也无法裁撤美国国土安全部，因此她并未违反她的就职誓言。然而单是这样并不够，政府的任务远远不止于此。如果政治人物不再竭尽所能保护宪法，如果他们成了外国政府侵权的共犯，如果他们有时甚至为外国政府的侵权行为而感到高兴，这就危害到了我们自己。西方世界的自由与自我理解不会取决于高速公路收费、增税或长期护理保险，而在于如何对待法律。

那位英国老法官以杀人罪将那两名船员判处死刑，但建议加以赦免。六个月之后，女王释放了他们。判决书上有几句了不起的话，那是我们在一百多年后的今天仍然应该奉行的："我们往往不得不树立我们自己也达不到的标准，制定我们自己也无法遵行的规则……我们无须指出舍弃这些基本原则所意味的可怕危险。"

原刊于《明镜周刊》（二〇一三年九月十六日）

注释

［1］马格努斯·葛夫根（Magnus Gäfgen）是法兰克福大学法律系学生，他绑架了一名男童，并向男童家人勒索巨额赎金。关于此案，在本书《犯下最可怕罪行之人的尊严——杀童犯葛夫根控告德国政府违反人权》中有更详细的叙述。

犯下最可怕罪行之人的尊严

——杀童犯葛夫根控告德国政府违反人权

> 葛夫根是杀人凶手，但是到最后，所有人都有罪过。蒙田早在一五八〇年就写道：刑讯实在是个很无用的发明。

几天前我开车前往伍斯特劳。那里有齐腾伯爵故居，他是腓特烈大帝时期具有传奇色彩的轻骑兵将军，因奇袭而出名，被称为“从树丛里冲出来的齐腾”。那趟车程很美妙，穿过鲁平景区：冰川堆石、森林、湖泊，一切贫瘠而孤寂，那是古老的普鲁士。作家冯塔纳曾在《勃兰登堡漫游记》[1]里描写过这个地方。这里几乎没有什么改变，只是那些风力发电机有点碍眼。如今德国法官学院[2]的一个会议地点就设在这座城堡中。

在这一天，欧洲人权法院的大法庭对葛夫根控告德国政府一案做出了判决。该法院认为葛夫根的控告有部分道理。德国政府违反了《欧洲人权公约》第三条，即禁止刑讯的那一条。法院表示葛夫根虽然没有被刑讯，却受到了不人道的对待。但葛夫根并未达到他的主要目的。人权法院最后判定他所受到的审判是公平的，不会再有新的审判。

在将近八年前，即二〇〇二年九月二十七日，葛夫根诱拐了十一岁男童雅克柏·冯·梅茨勒。葛夫根是法律系学生，从照片上看起来他就像个普通年轻人，几乎还在青春期，欠缺自信而又自负。他杀死了被害人，男童死得很痛苦。然后他向男童的家人勒索，拿到了一百万欧元的赎金。葛夫根想要致富，想当个有钱人。事发一天后他被逮捕了。警方在他的住处找到了大部分的赎金。二〇〇三年七月二十八日，法兰克福地方法院的一个刑事陪审法庭以谋杀罪等罪名判处他无期徒刑。该法庭申明他的犯罪情节格外重大。在德国，无期徒刑是法院能判处的最高刑罚。那是桩了无意义的罪行，和所有只为了金钱而犯下的罪行一样丑陋。尽管如此，我们大概还是会忘了这件案子。

但是还发生了一点别的事。当葛夫根被逮捕时，法兰克福警察局副局长达许纳以为男童还活着。他决定恐吓葛夫根，让他痛苦难当，以逼他招出受害男童身在何处。在这种压力下，葛夫根招认了，这段过程的细节并无法准确地加以还原。忽然之间，大家都在谈这件案子，不管是在大学、法院、酒馆、机场，还是在购物中心。而如今我们在法官学院也还在谈这件案子。对此事各持立场的激烈争论情况并未消减：达许纳所做的事是被允许的吗？如果他这么做是不被允许的，那他有没有罪过呢？

而这整件事本来似乎十分简单。敬重齐腾将军的腓特烈大帝早于一七四〇年就在普鲁士王国废除了刑讯。他即位之后不久，就下达了国王敕令禁止刑讯。如今在基本法中规定："被拘禁之人，不应使之受精神上或身体上之虐待。"在其他的法律中也明文规定禁止刑讯。这句话简单明了，没有讨论的余地。这条法律对国家永远适用，没有例外。即使借由刑讯有可能挽救一条垂危的生命，这条法律也同样适用。但是葛夫根一案具有某种深沉幽微之处、某种强烈触动人心之处：那名警察只需要稍微触犯一条法律，一个孩子可能就会得救。当事情涉及一条无辜的生命，稍微不人道地对待一名罪犯又算什么？我们当然知道人之尊严不容侵犯。我们知道就算是杀人凶手也跟其他每个人一样拥有尊严，甚至应该说是必须拥有尊严。这些话说起来很容易，写在每一本教科书里，理直气壮地出现在我们的晚餐桌上或是上教堂之后的对话中。现实却比较残酷，在现实中似乎无法遵守这些冠冕堂皇的规定，它们听起来像是书生之言，无法用在现实中。

这就像是一出希腊悲剧：警察不被允许去做他身为一个人想做的事。法律对他的要求很可怕。警察代表国家，必须依法行事。这个悲剧不是落在身为执法人员的他身上，而是落在身为一般人的他个人身上。他必须要独自做出决定。

达许纳决定恐吓葛夫根让他吃苦头。达许纳知道自己不会有事。法院将会判他有罪，但是会从宽处理。民众将会站在他这一边，八卦小报将赞扬他为英雄。他想得没错。

后果应该要截然不同才对。决定刑讯的警察必须受到严厉的惩罚。不是加以申诫、暂缓惩处，如同在达许纳身上，而是应该被判处多年徒刑、予以免职、取消退休金。当国家本身及公仆违反法律，事态就会严重。假如达许纳当时必须担心会受到这种惩罚——欧洲法院现在也间接这样要求——那么那就会是个真正的抉择：他救了那个孩子而毁掉了自己。如果他被关进牢里，他不会是罪犯，而是英雄。英雄注定要落难，这是他们的本质。就算他们自认为做了正确的事，还是会牺牲。

达许纳却不是英雄。如今他是黑森州警察总局技术后勤暨行政部门的主管。法庭对他不仅很宽大，国家甚至还借由这番升迁嘉奖了他这个下令以刑讯去恐吓葛夫根的人。对此，欧洲法院表示：'我们有理由从根本上怀疑，对于他违反了《欧洲人权公约》第三条，政府机关的处置是否与此一情况之严重性相称。”欧洲法院此言完全正确。如果我们允许像达许纳这样的人去做他们所做的事，我们将会是输家。隔开我们与无秩序状态的薄薄纸门将会破裂。李兹玛教授[3]把刑讯称为“文明断裂”。那远远不只是一条定理，到头来那是拯救我们的东西：就算是最可怕的人也永远不容侵犯。谁要是仍然去侵犯，就必须坐牢。

不过，欧洲法院的决议也表示，针对葛夫根所进行的审理程序是公平的。事情稍微有点复杂。在对葛夫根的审判中，法兰克福地方法院的法官判定他的供述无效，他所受到的刑讯恐吓使得法庭无法使用他的供述。于是葛夫根又招认了一次。他说他自愿这么做，出于懊悔，说他想为自己的罪行负责。因此，欧洲法院表示，那份无效的供述并未对葛夫根造成损害。

如果没有供述，法兰克福地方法院是否能够判决葛夫根有罪，这一点谁也没有把握。有些迹象显示他们不能。至少，欧洲法院的判决建议：得自那份无效供述的所有证据都不能使用。有短短一刻，葛夫根的命运又掌握在他自己手中。假如他当时保持沉默，说不定就能幸免于罪。达许纳的决定因此将造成最可怕的后果：那个孩子死了，凶手必须被宣判无罪。

葛夫根可能很晚才领悟到自己忽然有了什么样的机会。但他经验丰富的辩护律师肯定立刻明白了，因此劝他的委托人重新招认，结果是被判处最高刑罚。在伍斯特劳有几位法官认为那位辩护律师做得对，他们说在这桩案子上，他肯定阻止了最大的不公——宣判葛夫根无罪。这些法官错了。《辩护律师手册》开宗明义就说："辩护是战斗。为了被告的权利而战，与国家机构相抗，国家机构则必须尽到对犯罪行为采取法律行动的职责。"辩护律师是有既定立场的一方。他只能维护当事人的利益，而非维护检察官的利益或法官的利益，更非维护公众的利益。辩护律师必须是"法院、检察机关及其他国家机构的对手"，这句话出自欧洲法院的法官蕾娜特·耶格笔下。辩护律师不受国家的任何影响。唯有当他竭尽所能、当他用尽一切合法的手段替他的委托人奋战，他才尽到了他的职责。而唯有如此，才会产生正义，就算在个别案件上的判决看似不公平。

葛夫根是杀人凶手，但是到最后，所有的人都有罪过。法院有罪过，因为它们对达许纳的处罚过于宽大。行政机关有罪过，因为行政机关晋升了达许纳的职位。达许纳有罪过，因为他的决定违反我们国家的基本原则，伤害了一个人的尊严。那个辩护律师也有罪过，因

中世纪的刑讯被现代法治所摒弃

为他从来没真正把自己当成法院的对手。

在伍斯特劳，夜深时分，一位老法官陪我走到我的车旁。雾气从湖面升起，天凉了。从前在此地会从沼泽里铲出泥炭。那个老人家表示他欣赏那番讨论。然后他说："你知道蒙田[4]早在一五八〇年就对刑讯有过想法吗？不知道吗？他写道：'刑讯实在是个很无用的发明'。"

原刊于《明镜周刊》（二〇一〇年六月七日）

注释

[1] 冯塔纳（Theodor Fontane，1819—1898），十九世纪德国写实主义的代表作家，他所写的《勃兰登堡漫游记》（*Wanderungen durch die Mark Brandenburg*）是部长篇巨著，记述勃兰登堡地区的风土文物及历史。

[2] 德国法官学院（Richterakademie）系供法官及检察官进修的机构，由德国联邦政府及各州政府共同设立。该学院有两个常设的会议地点，一个在特利尔（Trier），另一个就在本文中提及的伍斯特劳（Wustrau）。

［3］李兹玛（Jan Philipp Reemtsma，1952 年生），德国汉堡大学文学教授，赞助成立了汉堡社会研究院，著作甚丰，研究范围包含文学乃至社会学，为德国当代重要知识分子。

［4］蒙田（Michel de Montaigne，1533—1592），法国文艺复兴时期哲学家，所著之《随笔集》为西方文学之重要作品。

被遗忘的橡胶靴

——欧洲人权法院针对“保安式监禁”[1]所做的判决

> 如今我们不再杀死像穆斯布鲁格这样的人。我们永久“保管”他们，不比一双放进柜子之后被人遗忘的旧橡胶靴好到哪儿去。

面谈室里的男子体形庞大，似乎占满了整个空间。他剃了个光头，汗水从他的后颈上不住地流下，流到那件粗布衬衫上。面谈室很狭小，对比他庞大的身躯，你会先注意到他的头其实很小，与他整个人很不相称。他没有眉毛——全被他用镊子一根根拔掉了。对许多囚犯来说，自己的身体是他们还拥有的最后一件东西。他们在身上刺青，锻炼出小山般的古怪肌肉，或者就像他一样把眉毛拔掉。我熟悉他的档案，“保安式监禁”的典型案例，十四岁时犯下第一桩盗窃案，刚满二十四岁不久就杀了人，在那之间只过了几天自由的生活，“在外头”是他们表示自由的特殊用语。他总是一再入狱，他的前科记录里几乎提到了刑法的每一条，大多数不止一次。一个所谓的“旋转门囚犯”，进来，出去，又再进来。

最后法官受够了，对他施加“保安式监禁”。几年之后，法院把监禁时间无限期延长。他并不被认为有精神疾病，但仍然被视为危险，被视为冥顽不灵。此人在这座监狱里待的时间比我当律师的年限还长，他是在这里长大成人的。他在十三年前就服满刑期。谁也拿他没有办法，也没有人再去尝试。几年前他攻击了一名守卫。

二〇〇九年十二月，位于斯特拉斯堡的欧洲人权法院针对“保安式监禁”做出了判决。这个判决早在大家的预料之中。那七位法官声明：德国违反了作为每个法治国家之基础的一项规定：“刑罚必须有法律根据”。他们认为起诉人的自由被剥夺，相当不合理。德国联邦政府提出异议，但被驳回。自二〇一〇年五月十一日起这个判决在法律上生效：德国的处置违反人权。

提出控告的那个人由于一连串的暴力犯罪行为而被判刑，最后一次是在一九八六年因杀人未遂被判处五年有期徒刑，同时被施以服刑期满后的“保安式监禁”。当时的法律将“保安式监禁”限制在十年以内。起诉人在一九九一年服刑期满，十年之后，最晚在二〇〇一年他就必须获释。事实上他却被继续监禁，因为那条法律在一九九八年被修改：十年的最高期限不再适用，如今“保安式监禁”可以无限期延长。

目前在德国有大约两百人遭到“保安式监禁”，单是在柏林就有十个。其中，一些人将直接进入养老院，另一些人在获释之后将受到警方监视。有些法院仍然抗拒着欧洲法院的决议，例如策勒的地方高等法院就还不想释放那些被监禁的人——就司法而言，这简直令人无法理解。

一条刑法规范要在颁布之后才能生效，这一点其实无人怀疑。司法界人士称之为“法律不溯及既往”：国民必须能够知道什么是被法律禁止的，必须知道违法会受到什么惩罚。德国基本法具有宪法的地位，而且这有很好的历史理由：纳粹“人民法院”院长弗莱斯勒[1]在当年被视为杰出的法学家，他是坐在最高法官席位上的刽子手。

弗莱斯勒对这类拘泥细节的法律基本原则不感兴趣，他平均每天要做出三个死刑判决。当他还是国务秘书时，有一对葛兹兄弟在新建的高速公路上架设汽车陷阱，抢劫汽车驾驶员，弗莱斯勒想要这对兄弟被判处死刑。兄弟中的弟弟杀死了两个人，哥哥则只一起制作了陷阱，并未参与杀人。在这对兄弟遭到逮捕后，弗莱斯勒想办法制定了一条法律，把架设汽车陷阱列为可判处死刑的罪行，并且溯及既往。之后，这对兄弟被判处死刑，而且被处决了。在当今的德国，无法想象立法者会故意违反“法律不溯及既往”这个基本原则。

但是“保安式监禁”确实反映出这个时代的潮流。波鸿大学二〇〇八年所做的一项调查显示，法院那时几乎毫无节制地下令执行“保安式监禁”：自一九九〇年以来，被监禁的人数增加了百分之一百四十。德国前总理施罗德在二〇〇一年向《星期日图片报》表示：会性侵小女孩的男人是无法治疗的。他说：“因此就只有一个解决办法：把他们关起来——而且是永远关起来。”在这样的氛围中，事情开始走上歧途。为了安抚既愤怒又害怕的民众，颁布法律的速度愈来愈快，而政治人物知道严厉制裁性侵儿童的罪犯一向能博得好评。没有人会为了罪犯而去向立法者游说。

就连德国联邦宪法法院都判定取消“保安式监禁”的最高期限并且溯及既往乃是合法的。他们认为“保安式监禁”并非刑罚，而是一种措施，因此这条法律根本不会违反“法律不溯及既往”的原则，因为此一原则只适用于刑罚。这在法学上固然是巧妙的说辞，但实际上是种嘲讽。重点并不在于我们用什么样的名词来称呼某件事。

对于被关在牢里的人来说，“保安式监禁”与徒刑之间并没有差别。他们虽然住在不同的建筑物里，但仍然住在同一所监狱，仍然被关着。

尽管德国的监狱比起欧洲许多国家要好得多，设在斯特拉斯堡的欧洲人权法院却指出，这对一般囚犯而言并没有“实质上的差异”。“保安式监禁”在德国就是种刑罚。

法律本身从不是完善的，它不断被修改，是个让人眼花缭乱的大杂烩。根据官方的说法，法官要对囚犯负责，但事实上负责的早已是鉴定专家。他们当然戒慎恐惧，谁也不想犯错，如果一个杀童犯被释放了，要承担的风险太高。而且一名罪犯的再犯概率若是百分之二十，这代表什么意思呢？难道那表示他只会性侵每五个孩子当中的一个吗？波鸿大学所做的调查评估了八十九个案件。检方把罪犯评估为“特别危险”，要求实施“保安式监禁”，精神病学鉴定专家在每一个案件上都赞成检方的这一要求。这些要求虽然遭到法院拒绝，但是这项调查的结果令人后怕：在这八十九个案件中，后来只有三名罪犯再度犯下类似的重罪。假如按照世上最客观的政府机构——检察机关的意思，另外那八十六个人虽然对任何人都不具有危险性，也将会被继续监禁，其中一些人将会被永远监禁。宁可放过十个有罪之人，也不要错判一个无罪之人——这个明智的古老原则似乎不再适用。

事实上，这不仅仅关乎那些受到“保安式监禁”的人，还关乎更多。这关乎人在我们基本法中的形象，到头来这与我们自己有关。尊严并非来自授予，也不能被收回。

刑法的原则很简单：法院判处犯罪者一种刑罚。等他服刑期满，就重新建立了“法和平”(Rechtsfrieden)：他的罪过被勾销了，他所受的刑罚使他与社会和解。在那之后他就是自由之身，与其他人拥有相同的权利。对于杀死妇女或性侵儿童的惯犯，当然必须保护社会不受这些人的侵害；但是受到“保安式监禁”的也包括小偷、诈骗犯和银行抢匪。

在一个自由社会里永远不会有绝对的保护，就算这话听起来很可怕，但自由的确意味着我们必须活在许多风险之中。现在德国联邦政府终于将只在严重的特殊情况下允许进行“保安式监禁”。这是正确的一步。不过，监狱也必须要有更好的设备，单靠脚镣肯定不是办法。

在面谈室里坐在我对面的这个男子不久之后将会获释。他会受到监视。警方也许会向他同村的居民示警。在他家门口会有人示威，他去超市时会有电视台跟拍。对于这些事他没有心理准备，没有人告诉过他，出去之后他该做什么。我问他是否曾经幸福过。“有过，”他说，“小时候在母亲身边。”档案中写着他在一所孤儿院里长大，他根本不认识他的母亲。

这个体形庞大的男子让我想起穆斯布鲁格，作家穆齐尔的小说《没有个性的人》当中的杀人凶手。穆斯布鲁格杀死了一个妓女，他以为她是他自己的影子。在牢房里，穆斯布鲁格以为他的头颅顶是打开的，月光有时候会照进去。他被处决了。

如今我们不再杀死像穆斯布鲁格这样的人。我们永久“保管”他们，不比一双放进柜子之后被人遗忘的旧橡胶靴好到哪儿去。不久之前，德国联邦法院甚至允许把“保安式监禁”用在青少年身上，自二〇〇八年起，有一条法律允许这么做。知名的司法精神病理学家克洛博说：“无限期的监禁永远是个死胡同。”另一位经验同样丰富的司法精神病理学家普拉茨则说：“现行保安式监禁的强制结构并不适合这些大多具有人格障碍的被监禁者。”

这两位医师说得对。穆齐尔那部小说中的主角乌里希认为，假如全体人类能够集体做梦的话，穆斯布鲁格就会从这个梦中诞生。

我们必须找到更好的方法。这是我们对那些凶手的责任，也是我们对自己的责任。

原刊于《明镜周刊》（二〇一〇年七月五日）

注释

[1] 保安式监禁（Sicherungsverwahrung）是德国刑法中一种防止被告人再犯罪的预防性羁押。

[2] 弗莱斯勒（Roland Freisler，1893—1945），德国纳粹时期知名法官，自一九四二年起担任纳粹“人民法院”院长，以判刑严厉著称，他所判的死刑案件超过两千件。

“你就是你”

——为何我无法回答关于我祖父的问题

> 为何一个大学生会倾心于希特勒那种空洞刺耳的辞藻？为何他没有在纳粹焚书之际就明白自己跟野蛮人站在了同一边？我无法回答，只能说：你就是你。

我祖父出狱时，我还是个两岁的小男孩。我们住在慕尼黑的施瓦宾区，那是一栋建于十八世纪的漂亮屋子，屋子上爬满常春藤和野葡萄藤。歪斜的走道，碎裂的石板，入口的门被卡住了，那是通往外头铺石道路的深绿色大门。屋子后面是玫瑰花丛构成的迷宫，还有喷泉、爱神的裸体雕像，但他手里只剩下弓，箭早已消失无踪。

我不记得祖父被释放的事。我所知道的一切都来自别人的述说，来自照片和影片。我父亲和他的兄弟驾一辆黑色的汽车去监狱接他，媒体为了这一天已特别在监狱门前搭建看台。我年轻的父亲穿着一套合身的深色西装，姿态显得有些局促。我祖父很瘦。还有就是摄自慕尼黑我们家院子里的画面：《明星周刊》发行人亨利·南恩坐在他旁边，他们坐在院子里一张旧铁椅上，进行头几次长篇访谈，我们一家人则远远地站在后面的一棵栗子树下。我祖父说得很慢，带着奇怪的口音：魏玛一带的口音。如果去听那个时代的访谈，不禁会皱起眉头，因为大多有着口音——希特勒御用的建筑师施佩尔[1]就是操着一口巴登州方言。当时大家说我祖父“出口成章”，但那根本是胡扯：记者的问题是事先说好的，他已经把答案背熟了。然而，我祖父说的话没有一句是我能够理解的。

我四岁时，我们搬到斯图加特附近，住进我外祖父家。不久之后，我祖父也搬了过来。我们住在大园子里，那是我外曾祖父在第一次世界大战之前建造的：一棵棵高大的老树、一栋有列柱和露天台阶的屋子、几个池塘、一块苗圃。父亲和我一起钓鱼，也带我打猎。那是个自成天地的世界。大多数时候我都是一个人。对于祖父的种种，我依旧模糊不清。他搜集了很多手杖，有些手杖里嵌着烧酒酒瓶或是时钟，其中有一支手杖里藏了一把钝头剑，还有一支看起来像是童话故事里小矮人穆克的魔法手杖。

每天我们会散步到园子外的小书报摊。他必须慢慢地走。在监狱里，他的一只眼睛因为视网膜脱落，几乎瞎了。有时候在街上有人会跟他攀谈，但我不喜欢那样。我们每天都玩九子棋，每次他都用同样的招数赢我。后来我想了很久，终于想明白他是怎么赢的。但在那之后，他就不再跟我玩了，当时我大概五六岁。在我们家，大人不太跟小孩子说话。那样也好，我们不受打扰，活在自己的世界里。然而某种东西始终缠绕着我，某种我无法解释的东西。我跟当地的孩子以不同的方式成长，跟他们几乎没有接触。那些事物对我而言始终很陌生，而且我从来无法感到自在。我无法向任何人诉说这种感觉，也许这种事小孩子从来就说不出口。

在家里，没有人会说“监狱”，提到时就只用地名

纽伦堡审判后，盟军关押纳粹战犯的施潘道监狱

“施潘道”[2]来称呼。可是有一次，我听见一个访客说我祖父被关了很久。那令我很兴奋，因为我读过一本关于海盗德雷克爵士[3]的书。我很佩服德雷克的冒险经历，他常常被囚禁。我问过母亲，祖父究竟做了些什么。我不记得她说了什么，只记得她给了我很长的解释，都是我不懂的字眼，也还记得她的声音跟平常很不一样。想必很糟吧，我心想，也许是个诅咒，就像在童话故事里一样。

突然，他就这么离开了，没有跟我道别。过了很久以后，我才得知他想独自生活。他搬到摩泽尔河畔一间小型膳宿公寓。在牢房里生活了二十年之后，他大概很难再面对一切。他死前不久，我还在那里见过他一次。那一天我直望着那条河流和山坡上的葡萄园，还有那儿的一头驴子，它不停地龇牙咧嘴。我祖父戴着眼罩，是一个我不认识的老人。我想不起来那一天他到底有没有跟我说话。他嘱咐在他的墓碑上写上：“我是你们当中一员。”很可怕的一句话。

十岁时，我进了一间由耶稣会教士所创办的寄宿学校。虽然我年纪还很小，但也勉强能够适应，因为我们的年纪全都很小。我们拿到邮局存折，里面存着我们的零用钱，一个月四马克。每个月的头一个星期一，神父把存折交给我们，我们就去邮局领钱。每一次队伍都排长龙，那个邮局职员还是用手写的方式登记金额。不知是第三次还是第四次的时候，他打了个手势叫我到前面去。他说他认识我祖父，说话时眼睛闪闪发亮；还说从今以后我可以不必排队，直接去找他。我跑开了。那天下午，一位神父试着向我解释什么是纳粹主义；我祖父做了什么，还有他为什么坐牢。事情仍然令人迷惑，听起来像《魔戒》作者托尔金笔下的故事，充满奇异的生物。

十二岁时，我头一次明白他是谁。在历史课本里有一张他的相片：“帝国青年团领袖巴尔度尔·冯·席拉赫”。那几个字仍历历在目：我的姓氏果真出现在教科书里。在另一页上有一张克劳斯·冯·施陶芬贝格[4]的照片，下面写着“反抗运动斗士”。“斗士”听起来好听得多。在我旁边就坐着一个施陶芬贝格家族的小孩，跟我一样是孙子辈，我们直到如今都还是朋友。当时他知道的也不比我多。

又过了一段时间，课堂上才讲到纳粹主义。当时我们那一届有一个男孩出身施佩尔家族，有一个来自里宾特洛甫[5]家族，还有一个出身吕尼克[6]家族。战犯和反抗者的后代，全都坐在同一间教室里。我第一次深深爱上的女孩是维茨勒本[7]家族的人。仿佛历史是一回事，我的人生又完全是另一回事。

后来在家里，我会跟每个家人谈论那个时代。没有秘密——有这样一个姓氏的唯一好处或许是什么事都隐瞒不了。我们不断地讨论，一个叔叔后来写了一本谈我祖父的书。我始终不明白祖父何以成为那样的人。他的哥哥卡尔在罗斯莱本就读寄宿学校时自杀，死时十八岁。据说原因是他承受不了德皇退位一事，但他死时，桌上摊放着一本佛祖语录。他的姐姐罗莎琳德后来成了歌剧女高音。他的父亲是魏玛剧院的总监，母亲是美国人。我有一张他母亲的相片，她是一个美丽的女子，脖子修长。她的祖先搭乘“五月花”号移民美国，一位是美国独立宣言的签署人之一，另一位曾任宾夕法尼亚州州长。席拉赫家族里出过法官、历史学家、科学家和出版家，大多数在政府任职，四百年来这个家族的人都写书。我祖父在这个富裕市民阶层的世界里长大，是一个备受呵护的柔弱孩子。在幼年的相片上，他看起来像个女孩，五岁以前他只会说英语。认识希特勒时他十七岁，十八岁时他加入了纳粹党。一个晨间会在慕尼黑英国花园骑马兜风的大学生何以倾心于空洞刺耳的辞藻？那些粗暴之徒、光光的粗壮后颈和地下室的啤酒屋为何会吸引他？他喜欢在文章里提起歌德，邀请作曲家理查德·施特劳斯当自己儿子的教父，为何他没有在纳粹焚书之际就明白自己跟野蛮人站在同一边？因为他野心太大？个性太不稳定？太年轻？而这又到底有何重要？据说他说的最后一句话是：“我是怎么了？”这是一个好问题，可是没有答案。

后来我上大学时，读遍了有关纽伦堡审判的文献，试图理解那个时代的运作机制。然而，当事情涉及自己的祖父，历史学家的解释就毫无用处。他去维也纳歌剧院，坐在包厢里，俨然是所谓的“文化人”，同时他却下令封锁火车总站，好把犹太人运走。一九四三年，他在波森听过希姆莱[8]关于杀死犹太人的秘密谈话，他绝对知道他们遭到杀害。

别人向我提起他的次数多得数不清，以你想得到的各种方式：坦率、无礼、愤怒、钦佩、同情、激动。有人威胁要杀我，更糟的也有，糟到令人难以承受。然而，当我想起维也纳，这一切都变得无所谓，变得无足轻重。如今，在我的新书《谁无罪》访谈中，我又被问起他的事。对方想知道如果不是冠着这个姓氏，我的人生是否会有所不同？我是不是会选择不同的职业？我是不是为了他的缘故而探讨罪责？这类的问题想来不可避免。那些记者维持着礼貌，但也觉察到我的态度有点奇怪：如果采访过于偏重在我祖父身上，我一概拒绝受访。他们觉得我在回避，事实也是如此。我无法回答那些问题，因为我不认得他，也无法问他，而且我不了解他。所以我写了这篇文章。这是我头一次写他，也将是最后一次。

在法庭上，法官审查受到调查的罪行是否确实为被告人所犯，然后裁量他的罪责。大多数被判刑的人跟我们并没有太大的差别，他们一时失足，脱离了正常的社会，以为自己的人生走投无路。一个人会成为罪犯还是被害人，往往只是出于巧合。情杀跟自杀有时只是一线之隔。

我祖父所做的事却完全不同。他的罪行有组织、有计划，冷血而且精确。那些罪行是在书桌上计划出来的，有相关的备忘录和商谈记录。而他一再做出了抉择。当时他说，把犹太人从维也纳运走是他对欧洲文化的贡献。在他说过这种话之后，任何更进一步的问题和心理分析都是多余的。有时候，一个人的罪过太大，以致其余的一切都变得无足轻重。当然，当时的政府本身就是个犯罪政府，然而这无法替像他这样的人脱罪，因为这个政府是他们创造出来的。我祖父并非撕破了文明的薄薄外衣，他的抉择并非出于厄运、出于巧合、出于大意。如今在刑事诉讼中，我们会问：被告人是否自觉到他所做的事？是否还能理解他所做的事？是否还能够分辨对错？在我祖父身上，这些问题都很快就有了答案。他的罪过特别沉重：他来自一个几百年来都肩负着责任的家族，有幸福的童年，受过良好的教育，世界为他敞开，他大可选择另一种人生。他并非无辜地犯下罪过。到最后，他的生活背景也决定了他罪过的深浅。

我祖父的罪过是我祖父的罪过。联邦法院说：罪责止于一身。没有株连家族这回事，罪过也不能被继承，每个人都有权拥有自己的人生故事。在《谁无罪》里，我写的不是他，也不是他那一代的人。关于他们，除了那些已经被说过几千遍、探究过几千遍的事情之外，我一无所知。我对当今的世界更感兴趣。我写的是战后的司法界，是做出无情判决的联邦德国法院，写的是那些法官，他们对纳粹凶手所犯的每一桩谋杀只判处五分钟的徒刑。那本书写的是我们的政府所犯的罪行，写的是复仇、罪责，还有那些我们如今仍旧不足之处。我们自认为很安全，但事情正好相反：我们可能会再度失去自由，从而失去一切。如今，这是我们的人生，也是我们的责任。

在《谁无罪》的末尾，那个纳粹的孙女问年轻的辩护律师："我也是那样吗？"他说："你就是你。"对于涉及我祖父的那些问题，这是我唯一的回答。我花了很长的时间才得到这个答案。

原刊于《明镜周刊》（二〇一一年九月五日）

注释

[1] 施佩尔（Albert Speer，1905—1981），德国建筑师，纳粹德国军备和战时生产部部长，纽伦堡审判中被判处 20 年徒刑。

[2] 施潘道（Spandau）位于柏林，系纽伦堡审判后盟军关押战犯的军事监狱。

[3] 德雷克爵士（Sir Francis Drake，1540—1596），英国女王伊丽莎白一世在位期间的海上探险家及航海家，西班牙人视之为海盗。

[4] 克劳斯·冯·施陶芬贝格（Claus von Stauffenberg，1907—1944），贵族出身的德国军官，一九四四年七月二十日密谋行刺希特勒的主要人物，失败后被处决。在以该事件为主题所拍摄的电影《行动目标希特勒》中由汤姆·克鲁斯饰演。

[5] 里宾特洛甫（Joachim von Ribbentrop，1893—1946），纳粹德国外交部部长，战后于纽伦堡审判中被判处死刑。

[6] 吕尼克（Ferdinand von Lüninck，1888—1944），贵族出身的德国军官与政治人物，因涉及刺杀希特勒的事件而被处决。

[7] 维茨勒本（Erwin von Witzleben，1881—1944），贵族出身的德军元帅，因参与刺杀希特勒之举而被处决。

［8］希姆莱（Heinrich Himmler，1900—1945），纳粹党卫军首领，秘密警察头子，一九四五年遭盟军逮捕后自杀身亡。

罪过的模样

——摄影家里欧·罗森塔

罗森塔的一生就跟他拍下的那个时代一样破碎。他拍的那些照片，从不把人拿来展览，而是呈现他们的原貌。

墙面和长凳都是深色木板。风衣下是件浅蓝色衬衫，领口敞开。发型利落，一头白发，一双浓眉，灰白胡茬，双臂交叉在胸前。涉嫌性侵的国际货币基金组织前总裁斯特劳斯-卡恩[1]在等待他的法官。这张照片说明了一切：起诉、招供、判决。他可能再也无法担任高级公职。相机是现代的耻辱柱：它拍下照片，做出判决。

有些摄于刑事审判中的照片永远留在我们的记忆

中。法庭上那几个反抗希特勒的人：莫特克[2]态度从容；维茨勒本[3]必须紧紧抓住他的长裤，因为别人拿走了他的皮带。一九四五年纽伦堡审判中的几名主要战犯：戈林[4]傲慢依旧，懒洋洋地倚着栏杆；赫斯[5]当时看起来就已神志不清，被告席的后面则是一列死白的士兵头盔。一九六八年纵火案审判中的巴德和恩丝琳[6]：这两名恐怖分子看起来就像法国导演高达执导的电影角色，备受崇拜的人物后来成了凶手。法庭照片具有某种魔力，比起其他照片，我们在观看法庭照片时更为仔细，也许是因为我们想从照片上辨别出罪过的模样。

不过，德国的审判过程并没有留存太多照片。现行的审判当然是公开的。因为秘密司法的时代太过恐怖，十九世纪的市民自觉地要求审判应由公众加以监督。一个在密室里审判人民的政权必然被唾弃。德国法院组织法明确规定："法庭上的审判连同宣判与决议应公开为之。"但是，像美国法庭那样的公开程度，德国也敬谢不敏。法庭只欢迎那些刚好在门口的人，法学界甚至为此发明了一个词：法庭公开[7]。在审判过程中若要拍照必须得到法官的许可。身为律师，我还从未碰到过有法官准许拍照。

魏玛共和国时期的摄影师里欧·罗森塔并不遵守这些成规。对此我们应该要感到庆幸。他所拍摄的一千五百张照片收藏在柏林档案馆，其中最杰出的作品如今结集成册[8]，这些照片均摄于柏林的法庭。

罗森塔于一八八四年出生在拉脱维亚首都里加的一个商人家庭。家境优渥，就读于文理中学，后来在多尔帕特大学攻读法律。一九一七年二月革命之前，他在莫斯科担任刑事辩护律师。沙皇被迫退位后，罗森塔成了典狱长，后来担任红十字会秘书长。十月革命之后，莫斯科对知识分子来说变得非常危险。罗森塔迁至柏林。一九二〇年至一九三二年间，他担任《前进报》[9]的法庭记者，住在供膳公寓里，向二房东承租附家具的房间。“罗森塔法庭摄影作品展”策展人薇尔钦-布罗提冈引用了罗森塔在一九二四年写的一封信，说那是种“令人难以忍受的生活”。一九三二年三月，《前进报》先是被纳粹突击搜查，后来被禁止出版。身为犹太人的罗森塔本来就身处险境，他先逃往里加，之后逃往巴黎、维希，再经过马赛和卡萨布兰卡，最后抵达纽约。他的家人留在里加，一九四一年，全家人都在犹太人隔离区遭到杀害，包括他的母亲、兄弟姊妹和他们的配偶。

在美国，罗森塔先是在纽约监狱岛赖克斯岛上担任图书馆管理员，一九四五年起在联合国担任摄影师。一九六九年他在纽约去世，享年八十五岁。他的一生宛如一部小说。

虽然从一九二五年起就有了较为轻巧的莱卡相机，罗森塔却是用一架中型相机来拍照，多数时候是偷偷拍的。柏林莫阿比特的老旧法庭光线昏暗，尽管如此，他也不能使用闪光灯，以至于他的照片往往曝光不足，再加上快门关闭的时间较长，画面因受到震动而模糊。但这些完全不构成缺点，画面由法庭的光线主导，照片反而更加鲜明。照片的魅力来自暗中拍摄，那些人不知道自己被拍了照，透过相机，看着他们的高雅服装、帽子、眼镜和绑腿，那个已然消逝的世界蓦地又再度鲜活起来。

富裕起来的柏林在二十世纪二十年代一片混乱，富裕的原因一部分是由于银行家布莱施洛德所发行的战争公债，大家的认知不再有任何规则可言。第一次世界大战起自柏林，在那之前有一套僵化的军事体制，一种近乎中古时代层级分明的社会秩序。相信这套秩序的士兵或战死沙场，或带着残缺的身心回到这座城市。德皇不光彩地开溜了，旧世界分崩离析。当时的柏林有了吸引人的其他事物，库坦大道和腓特烈大街一片繁华，大家欢庆那种失序状态。作家克斯特纳[10]笔下的人物法比安是最后一个道德家，而他迷失在这个喧嚣大城的妓院和黑社会中。

作家纳博科夫、德布林、穆齐尔和罗特[11]齐聚在柏林写作期间，正是纳粹掌权前夕，这个首都也同时住着最狡猾的骗子、最聪明的银行抢匪和最可怕的杀人凶手。罪犯成了这个城市的新国王。如同俾斯麦时期一样，虽然贵族阶层仍有层出不穷的伪证罪及侮辱罪官司——恰巧替八卦小报不断提供“耸动”的新题材，但是民众对柏林的黑社会更感兴趣。

第一个“环集团”[12]早在一八九〇年就已成立，协助出狱后重新回归社会的人。在二十世纪二十年代，这些团体成了犯罪分子的大本营。他们经营娼妓业、非法买卖酒类、向餐馆老板和生意人勒索保护费，和其他团体或警方在街头大战，并且谋杀自己的成员。芝加哥老大卡彭[13]是他们的榜样。阿道夫·赖卜绰号“肌肉阿道夫”，是“矢忠团”这个“环集团”的传奇主席。他在柏林谷仓区有间自己经营的酒馆，他几乎就住在酒馆里。擅长恐吓证人的赖卜，只有一次被判处数月徒刑，且还是缓刑。后来导演弗里茨·朗在拍摄《M——一座城市寻找一名凶手》时，还曾向他请教。

这些重大犯罪案成就了诸多的重要审判。欧洲最大的刑事法庭坐落在柏林莫阿比特，单是入口大厅就像座大教堂。这里是他们的舞台。柯妮雅·威丝曼在她刚出版的著作《法律判决的媒介》（这是本佳作）中说明了审判的戏剧层面。她说，归根结底，法庭就是剧场。差别在于法庭上并未重新演出犯罪行为，而是将犯罪行为转换成语言；但审判仍旧是出戏。

当时柏林的法官薪资偏低，但他们保留了法官自十八世纪以来的好名声。在普鲁士王国时期，腓特烈大帝因为噪音下令禁止磨坊开工，据说波茨坦的磨坊主人曾自豪地大喊：“在柏林是有法官的！”这当然只是一则传说，但这个传说显示出在普鲁士的首都，法官能与国王相抗。在二十世纪二十年代，只有少数法官具有政治立场，民众仍然信赖法官。那个年代使得辩护律师声名大噪，这些律师纯粹维护委托人的权益，这也许是史上第一次。阿尔斯贝格[14]和戴着闪亮单眼镜片的弗莱[15]是当时的明星。阿尔斯贝格担任过德皇的律师，曾替企业家施廷内斯[16]用战争贷款进行贸易的行为进行过辩护，还替针对发行《世界舞台》的欧席茨基[17]的叛国罪的指控而辩护。他替杀人凶手、性犯罪者和骗子出庭。他使许多人免于死刑，让银行家免于坐牢。阿尔斯贝格甚至还创作以司法为背景的舞台剧剧本——《预审》，这出舞台剧在国外也曾上演，甚至还被拍成了电影。他乘坐一辆劳斯莱斯汽车，配有专职司机，住在柏林古纳森林一栋有如城堡的别墅里，他也是个优秀的法律学家。

记者兼作家齐敖连在他的著作《柏林，一座世界大城的命运》中叙述了一则轶事：阿尔斯贝格有一次出庭迟到，在法官正打算退庭商议时他冲进法庭，在那几位法官身后大喊："第二百一十条和第二百一十一条，第三段和第五段!"后来被告人被宣判无罪，因为法庭赞

二十世纪初的柏林莫阿比特法院，诸多重大的

刑事案件在这里审判

成阿尔斯贝格教授“具有说服力的阐述”。

二十世纪二十年代也是法庭记者的时代。这些记者中最有才华的是史雷辛格，他用“史凌”这个短名替《福斯日报》写稿。知名记者毛慈曾称他为“德国唯一可称为传奇的法庭记者”。当时的报纸要能生存，靠的不仅是新闻，还要靠法庭报道和戏剧评论。哪家报社若能请到剧评家阿弗瑞·克尔来写稿，就有把握将报纸卖出去。现在若去看看那些旧报纸，就可能会相信法庭和剧场真的相同。罗森塔在柏林时正好躬逢其盛，而他只是拍下了该拍的照片。

劫富济贫的萨斯兄弟是银行抢匪中的绅士。在罗森塔拍的照片上，这两个年轻人看起来像是略显严肃的中学毕业生。这对兄弟在街道下挖了一条地道，悄悄钻过夹层和天花板潜入银行，用切割烧嘴打开了保险库。当时这在抢劫一行是个创举。警方经常逮捕他们，却迟迟无法将他们定罪。他们获释之后，邀请记者去高级餐厅庆祝，夜里把钱分给柏林的穷人。纳粹掌权后，他们逃往丹麦，闯入哥本哈根票据交易所，吃了四年牢饭。后来他们被引渡回德国，审判拖了很久，最后被判处重刑，移送至萨克森豪森集中营。一九四〇年，他们“在反抗中”被下令枪毙。罗森塔并没有把他们拍成丑陋的罪犯，在他的镜头下他们不是阴暗的人物。照片里的他们，看起来就像这个不羁的城市里再普通不过的人。

第一桩重要的伪画案也是在莫阿比特进行审判。罗森塔在法庭上拍下将近五十张照片，有几张被收入这本摄影集。艺术品商人奥图·瓦克售出三十几张伪造的梵·高画作——可能是他父亲画的。那些画作经过 X 光检查，艺术专家所做的鉴定众说纷纭。被告瓦克站立着替自己辩护，照片里的他看起来就像英国作家王尔德，五官精致，穿着斜纹布料西装，自命不凡，极其傲慢。这张照片说出了整个故事。

在罗森塔的摄影集里有许多当年重要政治审判的照片。希特勒在“埃登舞蹈宫案”的审判中半张着嘴，照片因相机晃动而模糊。纳粹党卫军在一九三〇年十一月冲进工人团体在夏洛特堡区埃登舞蹈宫的集会。汉斯·利滕是个优秀的年轻律师，代表被害人对遭到指控的党卫军成员提出附属诉讼。利滕请求希特勒以证人身份接受询问，因为他想证明党卫军的行动得到了领导的批

在彼拉多面前的基督（丁托莱托作品）

审判伽利略

准。法庭同意了他的这个请求。几百名示威者包围了莫阿比特，新闻界关注着审判过程。当希特勒走进法庭，被告人全都跳起来，举手向希特勒敬礼。利滕的诘问很有技巧，把希特勒逼入困境，让他怒不可遏。事后利滕的秘书说，希特勒的举止就像个歇斯底里的厨娘，大吼大叫，利滕则十分冷静。在审判之后，检方以伪证罪对希特勒提起公诉。这位年轻律师成功了，但同时也替自己招来了杀身之祸。纳粹报纸《攻击报》从此称他为“无政府主义律师利滕，一头乱发的半个犹太人”。利滕在国会大厦失火那一夜遭到逮捕，而后再也没有被释放。一九三八年，他在达豪集中营上吊自杀。

罗森塔也拍到了纳粹宣传部部长戈培尔。他脸孔棱角分明，嘴角向下撇，西装剪裁合身。戈培尔看不起法庭。他在数不清的审判中必须因被控侮辱罪及伤害罪替自己辩护，并且一再被判决有罪。然而他把这些审判当成政治宣传的舞台加以利用。观众席上会响起掌声，党卫军则在法院前面列队行进。

还有许多历史人物出现在这本摄影集里。爱因斯坦身穿浅色西装在一场不知名的审判中担任证人。作家穆齐尔坐在观众席上，专注而严肃，穿着大衣，系着领结，观察着一名伊朗大学生被控侮辱伊朗国王的审判过程。保罗·勇斯身为被告，十指交叉搁在一份卷宗上。一九一九年，身为预审法官的他包庇了杀死罗莎·卢森堡和卡尔·李卜克内希的凶手。[18]摄影集中还有当时的名人恩斯特·罗伊特、希尔妲·本雅明、柏恩哈德·魏斯、艾利希·米萨姆、罗兰·弗莱斯勒、威廉·辛策，以及女演员玛莎·艾格特和吉妲·阿尔帕在法庭上的许多照片。[19]

不过，书中也有其他照片，叙述小人物生活的照片，那些不慎失足而沦落到法庭上的小人物。一张照片上有个失去双腿的男子用残肢站着，手臂放在背后，剃了个光头，几乎不比律师的桌子高。显然他必须在陪审法庭面前替自己辩护：一名职业法官读着档案，两名陪审员穿着西装打着领带。罗森塔用铅笔在一张照片下面简述了这一幕：

法官：你没有腿怎么偷得了那部汽车？

没腿的人：怎么不能？简单得很。

法庭记者“史凌”曾写道：“开枪的人就跟爆炸的

锅炉、变形的铁轨、坍塌的雪崩一样无辜。万物都会杀人，人也会杀人。惩罚之无用与人之无辜其实让我们大有理由撕掉刑法典；但我们没有这么做，因为惩罚还有一个目的：杀鸡儆猴。从那以后，我们就惩罚无辜的人，以吓阻其他无辜的人不要爆发。”就跟“史凌”一样，罗森塔不在乎对方是被告人、辩护律师，还是法官。他拍的照片不是从钥匙孔中偷窥到的画面，他拍的照片无意煽情，从不伤感，也不会过度庄严或得意洋洋。

在一张照片上有个罗森塔称之为“原始人”的男子。此人大概犯了什么罪，以及当时审判的控诉为何，照片上并没有说明。这是这本摄影集中最耐人寻味的一张照片。一头长发、胡须蓬乱，穿着短裤和及膝长袜，男子看起来不知所措，似乎不明白自己何以上了法庭。罗森塔大可把这个“原始人”像只珍禽异兽一样展示，但他的做法完全不同：他让此人保留了他的尊严。

罗森塔的一生就跟他拍下的那个时代一样破碎。这些照片就像“史凌”的报道，从不把人拿来展览，而是呈现出他们的原貌。

自从罗森塔拍下这些照片，莫阿比特什么也没有改变。法官没变，被告人也没变。世人及其罪过仍旧相同，只不过当年那些壁纸不见了。

原刊于《明镜周刊》（二〇一一年八月十五日）

注释

[1] 斯特劳斯-卡恩（Dominique Strauss-Kahn，1949 年生），法国经济学家及政治人物，曾任法国财政部部长及国际货币基金组织（IMF）总裁，二〇一一年因涉嫌性侵饭店服务生而在美国遭到起诉。

[2] 莫特克（Helmuth James Graf von Moltke，1907—1945），贵族出身的德国律师，因参加反抗希特勒的组织而被判处死刑。

[3] 维茨勒本（Erwin von Witzleben，1881—1944），贵族出身的德军元帅，因参与一九四四年七月二十日刺杀希特勒行动而被处决。

[4] 戈林（Hemann Göring，1893—1946），纳粹首脑之一，第二次世界大战时曾任德国空军总司令及盖世太保首长，战后于纽伦堡审判中被判处绞刑，于狱中自杀身亡。

[5] 赫斯（Rudolf Hess，1894—1987），纳粹首脑之一，被希特勒视为仅次戈林的二号接班人。在纽伦堡审判中被判处无期徒刑。

[6] 巴德（Andreas Baader，1943—1977）及恩丝琳（Gudrun Ensslin，1940—1977）均为德国左翼恐怖组织“红军旅”成员，曾参与多次炸弹袭击事件，一九七七年被判处无期徒刑后自杀身亡。

[7] “法庭公开”（Saalöffentlichkeit）的意思是只对在法庭观众席上的人公开，而不允许媒体录音或录影。

[8] 书名为《里欧·罗森塔——魏玛共和国时期的记录者》（*Leo Rosenthal. Ein Chronist der Weimarer Republik*），Schimer/Mosel 出版，一百六十页。

[9]《前进报》（*Vorwärts Zeitung*）为德国社会劳工党所办的报纸，于一八七六年创刊。

[10] 克斯特纳（Erich Kästner，1899—1974），德国作家，他的小说《法比安，一个道德家的故事》（*Fabian, Die Geschichte eines Moralisten*）写于一九三一年。他也写过许多脍炙人口的童书，如《爱弥儿与侦探》和《飞行的教堂》。

[11] 纳博科夫（Vladimir Nabokov，1899—1977），俄裔美籍作家，成名小说为《罗莉塔》（*Lolita*），他于一九二二年至

一九三七年间流亡于柏林。德布林（Alfred Döblin，1878—1957），德国作家，最知名的作品为《柏林亚历山大广场》（*Berlin Alexanderplatz*）。穆齐尔（Robert Musil，1880—1942），奥地利作家，代表作为长篇小说《没有个性的人》（*Der Mann ohne Eigenschaft*）。罗特（Joseph Roth，1894—1939），奥地利作家及记者，代表作为小说《拉德茨基进行曲》（*Radetzky Marsch*）

［12］“环集团”（Ringverein）为二十世纪初活跃于德国的犯罪集团，集团中兄弟均戴一枚印章戒指，以识别彼此身份。“环集团”为一个总称，其下各子集团也各有名称，如下文中提到的“矢忠团”（Immertreu）。

［13］卡彭（Al Capone，1899—1947），芝加哥著名黑帮头目。他所犯罪行不但至今常被提及，还曾被搬上银幕。

［14］阿尔斯贝格（Max Alsberg，1877—1933），德国法学家兼作家，曾任柏林大学教授，为德国魏玛共和国时期的知名律师。纳粹掌权之后，身为犹太人的阿尔斯贝格遭到迫害，逃往瑞士后自杀身亡。

［15］弗莱（Erich Frey，1882—1964），德国律师兼作家，身为犹太人，于纳粹掌权后逃往智利，后卒于圣地亚哥，著有自传《我要求宣判无罪》（*Ich beantrage Freispruch*）。

[16] 施廷内斯（Hugo Stinnes，1870—1924），德国实业家及政治人物，出身于企业家族，在魏玛共和国时期初期属于德国最具影响力的人物。

[17] 欧席茨基（Carl von Ossietzky，1889—1938），德国记者及和平主义者，曾任政治周刊《世界舞台》编辑，在魏玛共和国时期撰写了一系列文章揭露德军违反《凡尔赛合约》而暗中重整军备，纳粹掌权后于一九三三年被送进集中营。和平组织的友人为了营救他而提名他为诺贝尔和平奖候选人，他于一九三五年获得此奖，但并未获释，一九三八年卒于监狱医院。

[18] 罗莎·卢森堡（Rosa Luxemburg，1871—1919），社会主义革命家及思想家，欧洲工人运动的重要人物。一九一五年她和卡尔·李卜克内希（Karl Liebknecht，1871—1919）共同创立了反战的“斯巴达克同盟”，为德国共产党前身。一九一九年，两人因支持“斯巴达克起义”而遭到逮捕后被自由军团的军官杀害。保罗·勇斯（Paul Jorns，1871—1942），当时任职于军事法庭，担任此一谋杀案的初审法官，在调查中掩饰了谋杀的事实，被告人后来被判无罪。

[19] 这些都是德国魏玛共和国时期的知名人物，简介如下。

恩斯特·罗伊特（Ernst Reuter，1889—1953），德国政治

人物，魏玛共和国时期曾担任共产党秘书长，后来重新加入社会民主党，纳粹掌权时期曾被囚禁于集中营，一九四七年当选柏林市长。希尔妲·本雅明（Hilde Benjamin，1902—1989），魏玛共和国时期执业律师，随丈夫加入德国共产党，第二次世界大战之后曾任民主德国司法部部长。柏恩哈德·魏斯（Bernhard Weiss，1904—1973），德国企业家，纳粹党人，曾任“国防经济领袖”，那是纳粹政府授予对军备具有重要性之企业家的头衔。艾利希·米萨姆（Erich Mühsam，1878—1934），德国作家、出版家，无政府主义者，反对军事主义及法西斯主义，在魏玛共和国时期投身争取释放政治犯的组织，一九三四年死于纳粹集中营。罗兰·弗莱斯勒（Roland Freisler，1893—1945），德国纳粹时期知名法官，自一九二四年起担任纳粹“人民法院”院长。威廉·辛策（Wilhelm Hintze），德国银行家，知名歌剧女高音宾德娜格（Gertrud Bindemagel，1894—1932）的丈夫，因杀妻罪被起诉。玛莎·艾格特（Martha Eggerth，1912—2013），出生于奥匈帝国的轻歌剧歌唱家及电影演员。吉妲·阿尔帕（Gitta Alpar，1903—1991），出生于奥匈帝国的歌剧花腔女高音及电影演员。

必要时制定一条法律

——女权运动与司法界

> “女生不喜欢竞争”，绝不是用来搪塞女性在德国企业界领导阶层所占比例低的好理由。这种情况若只能通过法律来改善，那我们就该制定一条法律。

有部讲美国一家广告公司的电视剧，名叫《广告狂人》，其制作人是马修·维纳，他也是《黑道家族》的编剧。电视剧很棒。德国 ZDFneo 电视台宣传这部剧的预告片说：“在每个成功的女人背后都有一个盯着她屁股瞧的男人。”这句话本来可以不用这么露骨，但一语中的。这部电视剧巨细靡遗地重现了二十世纪六十年代早期的风貌：每个人烟酒不离手，女性穿着性感胸罩和紧身胸衣，受到男性很糟的对待。

在第一集里，女秘书去看妇科医生，她坐在妇科检查的躺椅上看书。医生点了一根烟，从她手里拿走那本书。她躺了下来。医生抽着烟坐下来，说："你对避孕药有兴趣？我不会随便批评你。女人坦然面对性行为并没有错……张开你的腿……虽然我希望得到医生协助的女人不会因而变得人尽可夫。我要警告你：你若是滥用，我就会停药。"他开了处方，一个月的药丸要十一美元。道别时他说："现在你可别为了物超所值而到处跟人上床。"

目前在德国有一番针对女权运动的辩论。引发这场辩论的是现年三十三岁的德国家庭事务部部长克里斯蒂娜·施罗德和六十八岁的女权运动人士爱丽丝·史瓦泽。四个星期前，施罗德接受了《明镜周刊》的访问。她的答复还真是令人诧异，而这已是对她很礼貌的评论了。在被问到女权运动是否使女性更幸福时，她答道："我认为，早年的女权运动有时忽略了伴侣关系和子女所带来的幸福。"《广告狂人》中那位医生会赞成这位女性部长的看法，他从那名就诊女子手中拿走的书叫做

《你的新婚之夜——如何成为贤妻》。

当记者指出，在德国大企业的一百八十五名董事中，男性占了一百八十一位，这位部长的回答更令人吃惊：强制提高产业界领导阶层中的女性比例，意味着政治上的屈服。在她看来，经济最重要的是没有政府干涉的自由贸易。她真的在二〇一〇年说了这种话。我们连金融危机都尚未度过，缺少政府监督差点就毁了我们。

更糟的是，施罗德竟然没有承认她之所以能成为部长是因为有像史瓦泽这样的女性。当然，在一场革命之后，没有人还喜欢那些革命分子，他们太过吵闹，似乎不合时宜。事实上要喜欢史瓦泽也实在不容易，目前她在《图片报》上针对一桩性侵案的审判写了粗鄙的文字，那远远低于她的水准。施罗德没必要把史瓦泽的相片摆在床头柜上，但她应该要意识到，她之所以能成为今天的自己，是由于二十世纪七十年代女权运动者的努力。承认这一点并不丢脸，她不该在访问终了时才在记者的逼问下被迫承认。身为家庭事务部部长，她应该维护妇女的权益。她在这篇访问中所说的话不仅幼稚，而是根本就是错的。

二〇一〇年七月二日，德国联邦政府和产业界达成协定，这项协定意在促进两性的机会平等。政府承诺，只要这项协定确实付诸实行，就不会制定法律来加以干涉。在一个民主国家，先寄望于产业界自愿配合，这是明智之举。但问题在于，这项协定并未付诸实行，就连家庭事务部也宣布了这项结果。该部门的网页上写着：“不论是在民间企业还是在公务部门，女性在领导阶层中所占的比例仍旧明显低于期望。”

要强调的是“明显”这两个字，那些数目很吓人。谈到女性在领导阶层中所占的比例，德国远低于欧洲平均值（百分之二十六点五对百分之三十二点三）。在法国，这个数字是百分之三十七点八；在立陶宛，这个数字甚至有百分之四十四。在德国排名前两百的大企业的董事中，女性只占了百分之三。麦肯锡企业管理顾问公司调查过工业国家及发展中国家三百六十二家上市公司董事席位中妇女所占的比例。调查结果证实了这个趋势：德国和印度敬陪末座。“女性不喜欢竞争”绝对不是用来搪塞的好理由。

如果你是个律师，而且是刑事司法界的律师，你几乎察觉不出这种情况。柏林地方法院有五十五位主审法官，其中二十四名是女性，比例达百分之四十三点六。在我同辈的律师当中，我没见过有谁在一场审判中会去考虑法官是男是女。当然，法官有好坏，律师也有好坏，但是没有人会想用性别来判断他们的素质。

如果你不仅是律师，而且还写书，你还会认识另一个全然不同的世界：文学界和新闻界。在出版社里，一切似乎都更有礼貌、更明亮、更令人愉快。但是僵化的司法界显然要比新闻界更现代：在新闻界，聪明的女性会写聪明的文章，但除此之外就什么都不准做。在聘用司法人员时，看的就只是考试成绩，女性要花更多时间照顾子女不是问题。联邦法院甚至有一名男性法官请了育婴假。法官的业务虽然繁重，但他们是自主的，可以自由分配自己的时间；而且司法界的升迁几乎只取决于工作表现。这些情况都对女性友善。法律似乎的确有所帮助。

相反地，在新闻出版界，领导阶层几乎清一色是男性。施普林格出版公司[1]如此（百分之八十四），布尔达媒体集团[2]如此（百分之七十七），《明镜周刊》如此

（百分之七十六点五），古纳雅尔出版公司[3]也是如此（百分之七十）。只有《时代周报》的高阶职位有半数由女性担任。图书出版界的情况也一样。如果在企业界最开明的行业里这些数字多年来都没有改变，似乎可以确定没有人会自愿加以改变。因此，家庭事务部部长应该要“修订目标”，如同她在个人网页上的承诺。而某种情况若是只能通过法律来改善，那么我们就该制定一条法律。就连基督教社会联盟似乎都认识到改变是必要的：他们在最近一次党代表大会上，采取了强制提高女性比例的做法。这一切跟子女能带来幸福根本扯不上关系。

在妇女权利上，施罗德的犹豫也表现在另一番全然不同的辩论中。几星期前，联邦法院宣判一名医生无罪。他向检方自首，因为在把一颗受精卵植入一名妇女的子宫之前，他先检查了卵子是否带有基因缺陷。这种检查叫做“胚胎着床前基因诊断”，在试管中就能毫无困难地进行。由默克尔总理领导的基督教民主联盟在十一月的党代表大会上投票赞成禁止“胚胎着床前基因诊断”。假如这个决议成为法律，妇女就必须先让有基因缺陷的受精卵着床成胎，之后才能对胎儿进行检查，也许再进行堕胎。这实在是天大的讽刺，对待妇女有如育种的家畜，任她们承受堕胎的心理痛苦。而这个决议与基督教的价值观无关，只是不想激怒几名德国主教。

在那场党代表大会上几乎没听见施罗德发言，她没有挺身保护她理应保护的妇女。她表示只在“限定的范围内”赞成“胚胎着床前基因诊断”，亦即当“双亲患有严重的遗传性疾病”时。替那位医生辩护的是柏林的刑事辩护律师丹尼尔·克劳瑟，他在联邦法庭上的辩护词里总结了这个问题：“尊重人性尊严和惺惺作态的伪善互不相容。”这句话无须任何补充。

制定政策不是法院的任务。尽管如此，公众生活中的许多重大议题愈来愈常由联邦宪法法院来决定。早在一九五二年十二月，当时的总理阿登纳就为了这个而生气，他不喜欢宪法法院握有那么大的权力，他说：“我们原本可不是这么想的。”可是如果政治无法平衡众人的利益，那就必须由法官来决定。而如今有了一位令人耳目一新、真正能代表妇女的女士：苏珊娜·贝尔。

最近她被选入德国联邦宪法法院第一合议庭。她的博士论文于一九九五年出版，题为“尊严还是平等?”。她想探讨“对抗歧视的适当基本法权利方案”，而她研究的是职场上的性骚扰。贝尔说：“比起德国法律，美国法律给女性提供更广泛的保护。”这句话符合事实：德国宪法首先注重社会共识，美国法律则把个人放在中心。

贝尔是现代的女权人士，她的博士论文优美、精细，又带点激进。我们应该恭贺联邦宪法法院能有这样一位新的法官。就算我们不见得总是同意她的看法，毕竟在协商室里法律也靠争辩而活。禁止“胚胎着床前基因诊断”肯定违宪。如果这道禁令还是成了法律，那就只等着贝尔和其他几位法官一起做出裁决。她争取妇女权利的清晰声音在德国最高法院里不只是必要，而且令人欣喜。

原刊于《明镜周刊》（二〇一〇年十二月六日）

注释

[1] 施普林格出版公司（Axel Springer），大型数字出版公

司，规模在欧洲数一数二，旗下刊物包括《图片报》（*Bild*）及《世界报》（*Die Welt*）。

[2] 布尔达媒体集团（Hubert Burda Medien，简称 Burda），德国大型出版媒体，旗下刊物包括新闻周刊《焦点》（*Focus*）。

[3] 古纳雅尔出版公司（Gruner + Jahr，简称 G + J），总部位于德国汉堡的大型印刷出版公司，在全球发行的报纸杂志超过三百种，包括《星周刊》和《德国国家地理杂志》等。

真相与现实

——对薇瑞娜·贝克[1]及约格·卡赫曼[2]的审判

“真相是什么”，凡是在刑事司法界工作的人都必须辛苦地学会这个回答：一场诉讼的真相只是针对事实的一种理论。

我十二岁时第一次被罚抄写《约翰福音》。我读的是耶稣会办的寄宿学校，而我们那时又干了件蠢事。我已经记不得事情的缘由，也许是我们把黑猩猩标本摆在教师休息室门口，也许是爬上教堂圆顶，多半就是这类事情。对一个十二岁的男孩来说，《约翰福音》真的很长，这样的惩罚很严厉。神父说他是为了我们好。我们坐在课桌前，写了又写。敞开的窗户外头，是暖和的天气，运动场上的嬉戏声不断传入。我们看看彼此，认定幸福人生从此与我们无缘。

三个小时后，我们被赦免了。但神父在处罚结束时，从那篇福音里念了一段给我们听。我不知道他为什么这么做，也许他想让我们明白自己的罪过。那是我第一次有意识地聆听耶稣和彼拉多之间那番奇特的对话。我背过《使徒信经》，当然知道彼拉多，在《使徒信经》里他形象欠佳。我把他想象成残忍的人，他折磨耶稣后还将耶稣判刑。很久以后我才明白，他问“真相是什么”，问得很聪明。

在现实中，彼拉多是罗马皇帝提比略在犹太省的总督。关于他的传说很多，但是有历史根据的很少。他很可能只是个一般的政府官员，被派到了远离罗马的地方，工作劳累，因为新的审判而心烦意乱。根据罗马的法律，彼拉多是那一省的最高法官，由他做出最后的判决。耶稣被带到他面前，控告者要求将耶稣钉上十字架处死。根据《约翰福音》，彼拉多问耶稣：“那么，你是王了？”耶稣回答：“那是你说的，我是王。我为此而生，也为此来到世间，来为真理作见证。凡属真理的人，必听我的话。”彼拉多又对他说：“真理是什么？”（《约翰福音》18：37—38）接着是重点所在：彼拉多没有等耶稣回答，他转过身，宣布自己找不出理由来判耶稣的罪。

我能想象彼拉多耸耸肩膀说：“真理算什么。”谁也举不出对耶稣不利的罪证，他并未要求当这凡间世界的王。彼拉多把决定权交给民众，表明自己对此事不负责任。不过，也许他用“真理是什么”那一问，就给出了两千年后每个法官也不得不给的答复。这个答复令人生气，但是别无他法，凡是在刑事司法界工作的人都必须辛苦地学会它：一场诉讼的真相只是针对事实的一种理论。

有两桩审判引起大众关注，这两件诉讼都依靠间接证据，而“真相是什么”这个问题在这两个审理程序中，将不会有令人满意的答案。

薇瑞娜·贝克由于谋杀总检察长布巴克而被起诉。布巴克于一九七七年被谋杀，贝克遭起诉的理由是她当时在场。布巴克的儿子口口声声地说只想要真相，却隐瞒了自己在一年半前曾收到的提示，即有人告诉他凶手犯案时所用的摩托车放置的地方。这样一项物证何其重要。布巴克的儿子表示之所以隐瞒此事是因为他早先提供的消息没有受到应有的重视。很显然他不信赖检方，但我认为这种态度错得离谱：在这桩诉讼中，法院似乎中立地检验那些指控，与“施塔姆海姆审判”[3]中的法院和检方完全不同。

当年的德意志联邦共和国相当年轻，国家显得不太稳固，法官、检察官和政治人物都认为必须保卫这个国家。如今“红军旅”在许多人眼中仍然是个被美化的神话，对此，当年那些有瑕疵的审判很可能也要负点责任。但是时代已经不同了。当年替“红军旅”恐怖分子恩丝琳辩护的奥托·席利在法庭上被搜身时曾发出怒吼：“我们以法律为由，反对国家权力。”这句话在当年说得义正词严，但在如今的法庭上就会显得十分可笑。在这些审判中，国家权力早已不是重点，我们只想知道发生了什么事。可是一切似乎都已经太过遥远，证人几乎什么都记不得了，当年档案中所记载的事情有些很蹊跷。如果薇瑞娜·贝克将来被宣判无罪，这就只是基于如今尚存的证据所做出的判决，仅此而已。

对气象播报员约格·卡赫曼提起的诉讼程序也是一

桩依靠间接证据的诉讼。一名女子声称遭到了性侵，男方否认。双方各执一词，证据的提出相当棘手。在档案里有一千四百页的网络聊天记录，内容令人不忍卒读。那女子多年来在心灵上受到残害，逐渐在性方面迎合对方。就算一切出于自愿，在道德上卡赫曼毫无疑问也有严重的罪过。

但是刑事诉讼并非弥撒，不是每一个卑鄙行为在刑法上都有罪。法官不能任意决定他要相信谁，不能像周日的电视剧集《犯罪现场》一样用猜测。他需要客观的证据。法庭能用科学方法检验那名女子是否说了真话吗？这时就必须依赖专家的鉴定，他们是法庭的帮手。在这桩诉讼中有大量的鉴定报告。治疗女子的精神病科医师起初确信她说的是真话。他研究精神创伤，但是由于他与证人之间有医患关系，过于亲近，他不能在此案中担任鉴定专家。

检方委托了任教于不来梅的心理学教授葛若耶女士。她在刑事司法界的声望很高，葛若耶做事认真，她的报告在科学上无懈可击。她认为无法证实那名女子是否真的经历过她所声称的事。换作是其他的诉讼案，这几乎已经等于宣判无罪。可是检方不喜欢葛若耶的鉴定报告，写了一份长篇书状加以反驳。于是辩方又委托另一位大学教授来评估检方提出的异议，并鉴定葛若耶所做的专家鉴定，亦即提出更高一层的专家鉴定。受到委托的是基尔大学的法律心理学教授均特·科恩肯。他的说明也同样清楚，认为检方提出的论点毫无根据，企图动摇葛若耶的鉴定报告。最后法院委托了德国最负盛名的精神病学鉴定专家克洛博，请他重新检验。然而重做一次专家鉴定实在说不过去，法院只要求克洛博澄清那名女性证人究竟是否有能力如实做出陈述。

除此之外，克洛博还要分析精神科医师与葛若耶鉴定报告的差异。他所做的报告十分精彩，在运用心理学和精神病学对证人的证词作出判断方面，足以成为一个教育范本。克洛博的结论是：那名女性证人的陈述能力并未受损，而且他也再度确认了葛若耶的鉴定报告正确无误。但这并不表示那名女性证人没说出真相，而是意味着疑点很多，多到无法只是因为这名女性证人的陈述就把被告人再送回监狱。

本来这一切也许根本就毫无必要。检验证人是否可信原本就是法官特有的任务。此外，卡尔斯鲁尔的地方高等法院在决议取消卡赫曼的逮捕令时就已经指出：那名女性证人在周边及核心问题上说了假话，因此不能继续拘留被告人。

主审法官必须告知那名证人：针对每一个可能对她不利的问题，她有权保持沉默。她已经说过谎，如今自己可能会反过来成为刑事诉讼的被告人。主审法官起初不想告知她。尽管有那些专家鉴定报告，尽管上级法院做出了裁定，法官却还是认定那名女性证人完全没有问题。辩方因此认为法庭不公正而申请法官回避。这个告知当然只是个形式，但是《刑事诉讼法》并非任由法官选择遵守与否。如果法官故意违反这些规定，将被视为怀有偏见。连他们是否真的怀有偏见都不重要，只要一个独立而有理智的观察者觉得他们怀有偏见就足够毁坏信任了。受到保护的不仅是被告人，还有法院在民众间的威信。

尽管如此，辩方犯了一个错误：主审法官可以选择告知证人的时间点。在只针对她的生平提出问题时，告知尚非必要。也许辩方说得对，主审法官根本不想告知那名证人，只想表明无论如何他都相信她。但是这一点要等到向她提出关键性的问题时，大家才会得知。也就是说，辩方对法官的回避申请提出得太早。这份申请被驳回，驳回的理由在司法上是站得住脚的。尽管如此，提出申请是对的：一场刑事诉讼是公理之争。就算是一份失败的申请也能促使法官改变想法。

我们希望能有明确的证据，渴望事情一清二楚、毫无疑问，渴望这个世界黑白分明。但现实并非如此，刑事诉讼很复杂，真相只是表面，而且很少是单纯的，这样的真相永远令人难以承受。到最后，我们只能仰赖《刑事诉讼法》的严谨来判断一个人有罪与否。这仍旧是我们所拥有的最佳方法。

原刊于《明镜周刊》（二〇一〇年十月二十五日）

注释

[1] 薇瑞娜·贝克（Verena Becker，1952 年生），德国“红军旅”恐怖分子。一九七七年，因试图谋杀两名警察而被判处无期徒刑，服刑期间担任德国联邦宪法保卫局的线人，于

一九八九年被赦免。二〇一〇年，由于检方重新调查布巴克被暗杀案再度被起诉，二〇一二年以同谋罪被判处四年徒刑。

[2] 约格·卡赫曼（Jörg Kachelmann，1958年生），生长于瑞士的气象学家，曾在德国电视台担任气象播报员。

[3] 施塔姆海姆审判（Stammheim Prozess）是二十世纪七十年代对“红军旅”恐怖分子进行的一场大审判，历时两年，一名被告人在审判期间自缢，另外三名被告人在被判处无期徒刑后自杀。此一审判由于程序有瑕疵而备受争议。

把诉讼过程当成处罚

——谈检察机关与媒体的关系

检察官以国家的权威发言，一旦他向媒体说出一个名字，公开怀疑某人，媒体的报道和舆论就足以毁了那个人，就算他后来被判无罪也已无济于事。

法庭里热得令人难受。好几天以来，收音机广播每天早上都说会下雨，但却没有下。我们从九点钟起一直在听电话录音，这是桩涉及毒品的案子。那是以数字方式储存的通话录音，品质要比几年前来得好。可是法庭专用电脑的扩音器实在很差，司法单位没什么钱。录音中的人声嘶嘶作响，声音不是太大就是太小，总是失真，最恼人的问题在于他们说的是阿拉伯文。这里看起来一点也不像电视上的法庭，没有投影机，没有平板电脑，也没有帮忙打点一切的律师助理，只有这些聒噪得刺耳的扩音器。口译员逐字核对书面翻译，然后由主审法官和一位陪审法官按照各自被分派的角色朗读出来。他们的声调就像中小学生演话剧一样。这也不能怪他们，法官本来就不是演员。但是没人笑得出来，因为这件案子涉及多年徒刑。

旁听席上没有人。没有学生团体来参观，那三位老太太也没来，她们偶尔会在喝过咖啡之后来这儿坐一坐，吓吓自己；就连那个面色灰白的流浪汉也没来，原本冬季里他会进来暖暖身子。当然也没有媒体派人来，这桩审判无足轻重。

这时是下午两点。我们放弃了午休，以便快点结束今天的程序。空气很闷，主审法官准许大家脱掉袍子。忽然，一名警卫走到法官席前。他穿着一件浅蓝色衬衫制服，腋下和背部都有汗渍，一道细细的汗水从后颈流下。他低声和那几位法官说话，主审法官扬起了眉毛，摇摇头。那名警卫脸红了。主审法官疲倦地说他刚刚得知，法庭供观众出入的后门还锁着没有打开。大家都知道接下来会发生什么事。法官宣布，这一天所走的程序必须重新来过，因为公众被排除在外。

主审法官是对的，法庭审判必须对外公开。不管是警卫赶走了观众，还是门上贴的公告有误，或者就只是门锁没有打开，这都不重要了，因为庭上先前所做的判决必须被撤销。而且不管被告人是杀人凶手、小偷还是无辜之人，毫无例外一律适用。司法界人士把这称为“绝对的上诉理由”。

法庭审判必须公开，这个观念是非常民主的。大家想知道法院在做些什么，身为“第四权”的媒体应该要监督法官。普鲁士时期的密室司法在法国大革命之后被废除，大家想把光亮带进黑暗的刑事审判中。法哲学家费尔巴哈[1]把刑事审判的公开提升为审判的原则。但是所谓的公开就只是法庭审判的公开，调查的程序从来就不是公开的。至少在当今之前是如此。

而如今成了什么情况呢？举例来说，几年前，杜塞尔多夫的总检察长向媒体宣布，他将对当时曼内斯曼公司的首席执行官埃瑟进行调查，因为他在并购案上“遭收买而改变立场”。[2]埃瑟本人直到看了报纸才得知此事。德国邮政公司前首席执行官祖温克涉嫌逃税被捕时，媒体赶在警方及检察机关之前到他家门口，以拍摄他被押走的镜头。在多米尼克·布鲁纳[3]被杀一案的审理程序中，检方备受媒体瞩目的提起公诉与其说是中规中矩的刑事案件调查，不如说是回应愤怒的民意。布鲁纳被视为英雄，那两名涉案的青少年被媒体称为“流氓杀手”。真相大概介于两者之间，向媒体透露案件侦办过程很可能会毁掉一个人：像是流行歌手娜嘉·贝纳莎[4]，或是目前涉案的气象播报员卡赫曼。

司法与媒体的关系改变了。从前大家在电视上一向只会看见一名中规中矩的警察和一个上了年纪、戴着金边眼镜的检察官，两人以无比严肃的表情说：“大范围封锁现场，查个水落石出。”那样的态势令人心安。如今检察官认为他们应该在媒体上发声。他们用《每日新闻》播报员的口吻，斩钉截铁地认为卡赫曼有罪；又如当国会议员陶斯被发现持有儿童色情刊物后，检察官早在诉讼程序开始之前就说：“虽然陶斯认为对他提出的指控不合理，但这没有根据。”大家似乎都看了太多电影，司法界对媒体的发言沦为美国法庭电影和电视节目

“女法官芭芭拉·沙雷许”[5]的混合体。

在德国的刑法中有既定立场的只有一方，亦即辩护律师。检察机关必须像法院一样客观、不偏不倚，而且公正。检察机关不偏袒哪一方，调查既是针对被告人也是为了被告人，这就是他们的法定任务。从前，检察机关甚至被称为“世上最客观的政府机关”，而大多数的德国人也仍然这么认为。检察官以国家的权威发言。比起一位律师说的话，检察官说的话具有完全不同的分量，因为我们知道律师的任务只在于维护委托人的权益。正因为检察官不属于哪一方，当他说了什么，大家都会相信。如果他向媒体说出一个名字，公开怀疑某人涉嫌一桩罪行，对于被指控的人来说通常就已万事休矣。

然而，在一个法治国家，“涉嫌”不该危及名誉。在法律面前，被告人只要尚未被判有罪，就都是无罪的。问题在于，尽管法律这样规定，对于公众来说，只要中立的检察官说了话，一切似乎就已经被证明了。检察官的怀疑就等于判决，对于“无罪推定原则”谁也不感兴趣。在美国，情形则不同。碰上大案子，检察官和辩护律师会公开争吵，审判过程是件媒体大事。法庭里会架起摄影机，被告人穿上新西装，挑选陪审团成员时会请教顾问，专门的民意调查机构会在审判的每一天结束时向律师说明他们的表现如何。那是两造之间的竞赛，目的在于得胜。审判过程更戏剧化、更尖锐，十二名陪审团成员的判决将决定谁输谁赢，而且就像在足球赛中一样会产生明星。

德国的情况要无趣得多。因为没有两造。一切都更为缓慢，没有高科技，只有档案架，而协助处理急件的“特别警卫”把档案在法院里送来送去也要花上三天。我觉得这种慢条斯理促成了更公正的判决，被告人比较不会受到重大打击。可是媒体逐渐改变了这个结构。虽然各州制定的媒体法对司法界应如何面对媒体有所规定，但是发言人有很大的自由。他应该要在媒体的关注和当事人的隐私之间加以权衡，但这种权衡一再出差错。专攻媒体法、曾替多位名人辩护的律师谢尔兹说：“根据我的经验，这种权衡往往根本不存在，而检察机关认为他们应该提供消息给媒体。之所以会这样，原因肯定在于检察机关的发言人没有受过足够的训练来权衡媒体自由与人格权及人性尊严。”

控告卡赫曼的审判在本周一开庭。到最后大家不会多知道多少。事情应该是那名女性证人在好几点上说了谎，也有迹象显示她所受的伤是她自己造成的。法官将会说，她的陈述虽然可信，但是基于那些矛盾之处，仍有一丝怀疑的余地。他们大概会宣判卡赫曼无罪，但是经过所有那些报道，宣判无罪对他来说也无济于事了。英国哲学家培根曾这样引用古希腊历史学家普鲁塔克的话：“*Semper aliquid haeret*（总有点东西会留下来）。”[6]而这一点东西就足够了。

中古时期的人比我们还更进一步。当时有一项刑罚是把被判有罪的人绑在耻辱柱上，让众人跑过去耻笑他。这一刑罚的目的在于使被判有罪的人公开受辱，这非常可怕，以至于那些人事后往往离开那座城市和那个国家。但是不管怎么说，当时的人也只有在已经被判有罪之后才会被绑在耻辱柱上。如今我们不再需要判决，只要有检察机关通知媒体，全国的民众就把目光投向耻辱柱。一位主任检察官（Oberstaatsanwalt）曾对我说：“检方没有输赢。它为法律效劳，如此而已。”而这正是检察官和法官不该在公众面前现身的理由。

当我们把那一天白忙一场的审判程序重新来过时，媒体席上出现了一名年轻人，他身形瘦削而且睡眠不足。在休息时，他说他来自斯图加特，目前利用假期在一家报社实习，还说自己昨晚一晚上没睡。审理程序继续进行，半个小时之后他趴在笔记本上睡着了。

原刊于《明镜周刊》（二〇一〇年九月六日）

注释

[1] 费尔巴哈（Anselm von Feuerbach，1775—1833），德国著名法学家，他主持起草了巴伐利亚刑法典，并推动了巴伐利亚刑事立法的改革。他提出“法无规定不为罪，不得处罚”，呼吁法律程序公开。他是德国哲学家路德维希·安德列斯·费尔巴哈（Ludwig Andreas Feuerbach）的父亲。

[2] 曼内斯曼（Mannesmann）是一家德国电信公司，二〇〇〇年遭英国电信公司沃达丰（Vodafon）恶意并购。身为曼内斯曼的首席执行官，埃瑟（Klaus Esser）起初反对并购，后来却改变立场。

[3] 多米尼克·布鲁纳（Dominik Brunner，1959—2009）是德国一家砖瓦厂的经理，他在火车站目睹两名青少年向几名年纪更小的青少年勒索后，出面干涉，与那两名青少年发生肢体冲突，故身亡。

[4] 娜嘉·贝纳莎（Nadja Benaissa，1982 年生），德国女子合唱团 No Angels 的成员。因为身为艾滋病病毒携带者而未告知性伴侣，于二〇一〇年以伤害罪被起诉判刑，就此离开演艺圈。

[5] 这是一档德国电视节目，以美国真人实境法庭节目“茱蒂法官”为蓝本，由曾担任法官的芭芭拉·沙雷许（Barbara Salesch）主持。

[6] 此为拉丁文，整句为 *audacter calumniare，semper aliquid haeret*，意思是“大胆诽谤吧，总有点东西会留下来”。

干净的人，干净的空气

——谈吸烟者与非吸烟者

> 今天的目标是：干净的人生活在干净的空气里。如果没有别的办法，只好强迫大家获得幸福。我们哪里在乎什么宽容。

我不懂，怎么有人不抽烟——他等于是剥夺了自己生活最棒的一部分，至少是剥夺了自己的一大享受！当我醒来，我就为这一天可以抽烟而高兴；当我吃饭，我就又为可以抽烟而高兴，是的，我可以说，我吃饭就只是为了能够抽烟，就算我这么说是有点夸张。可是如果一天里少了烟草，对我来说那会是乏味透顶、完全空洞而毫无吸引力的一天，假如我在早晨要告诉自己：今天没烟可抽——我想我就根本不会有起床的勇气，真的，我会继续躺在床上。

托马斯·曼（《魔山》主角汉斯·卡斯托普之言）

那是夏天，天气很热，盛夏时节，几乎没有风。我们卷起裤管站在小溪里钓鱼，那时我六七岁。我父亲戴着一顶有洞的破旧草帽，他还很年轻。我们不是钓鱼高手，很少有鱼上钩，但我们还是轻声细语，因为我们认为那些鱼说不定听得见我们说话。等我们总算抓到一条鳟鱼，我们用一根棍子把它架在火上烤，只蘸了点盐巴就把它吃了。那是全世界最棒的鳟鱼。然后我父亲从口袋里掏出皮制的窄窄香烟盒。他有一个银色打火机，打火时“咔嚓”一声很响，闻起来有汽油味。他把草帽向后推，我们躺在草地上看着天空。

他能吹出灰蓝色的完美烟圈，烟圈会逐渐变细、变大，起毛而后消散。那儿有蟋蟀和类雀麦，我的一双脚脏兮兮的。他给我讲了一个故事，关于烟的重量。英国女王伊丽莎白一世曾经打赌，就连聪明的沃尔特·雷利[1]也测不出烟的重量，因为空气的重量是秤不出来的。雷利爵士接受了这番打赌。他把一根雪茄放在天平上，记下了它的重量。然后他慢慢地抽那根雪茄，把全部的烟灰仔细地拨到秤盘上，最后再把抽剩的雪茄末端也放在天平上。他把第一次称出的重量减掉第二次称出的重量，两者之间的差额就是烟的重量。女王付了钱，说她终于明白要怎么把烟变成钱。许多年后，我在保罗·奥斯特编导的那部绝妙电影《烟》[2]里再次听到这个故事。不过在当年，那是属于我们的夏天：鳟鱼蘸着盐巴，炎热的天气，我父亲的香烟，还有他说的故事。

那是很久以前的事了。德国巴伐利亚州目前正针对餐厅及其他场所是否可以抽烟进行公投。这个公投涉及的范围不大，在百分之八十五的餐饮场所已经不能抽烟了；而在其他那些不能自由选择的地方——车站、机场、公共建筑——本来就禁止吸烟。

据说公投的结果很明确。投票率只有百分之三十八，其中百分之六十一赞成全面禁止吸烟。也就是说，事实上只有百分之二十三的选民投票反对吸烟。而如果要做到公平，接下来应该要问：这百分之二十三的人当中究竟有多少人会在晚上去餐馆或是去参加慕尼黑啤酒节。不过，这也许根本不是事情的重点。

提出公投建议的是二十八岁的帕绍市议员法兰肯贝格，他们自称为“生态民主党”[3]。法兰肯贝格说，他相信人性中的善。

在他的网页上，他用巴伐利亚电视台的一部短片来介绍自己。影片中他戴着白色假发，身穿小礼服，以奇怪的步伐带领一群观光客参观市区。然后镜头一换，这时他没戴假发了，而留着一头深棕色长发，他说他在乎的是“大家会开始反省”。在影片中他有时会用第三人称谈起自己，只有他认识“真正的自己”，如果有个人是他想要认识的，那人会是上帝。然后他忽然说，有时候他认为自己就像是“自然散发出能量的光球”。

我不喜欢公投，公投不是我们的民主所熟悉的做法。在政治上针对单一议题进行表决，在这件事情上没有群体智慧可言，至少以前从来没有过公投；而禁止吸烟的新法律显露出对民主的一种误解。重点并不只在于按照多数人的意见去做，也在于让少数人能有容身之处。

我们也可以换个说法：重点在于宽容，这也许是普鲁士的美德中最伟大的一项。我们已经失去过这项美德一次：在纳粹掌权的第三帝国，反吸烟的杂志《干净的空气》和与它一脉相承的《烟草问题》及其他刊物认为吸烟要为所有的坏事负责：纵火、盗窃乃至杀人，如同斯坦福大学教授罗伯特·普洛科特在《纳粹对抗癌症的战争》中所指出。《德国反烟草联盟季刊》里说："我们德国女性不抽烟！"吸烟被与自由主义、种族退化、性行为堕落、行为放纵、爵士乐、犹太人和吉普赛人扯上关系——卫生、干净的德国人应该站在另一边。

希特勒、墨索里尼和佛朗哥元帅都不抽烟，这件事被一再提起，丘吉尔、斯大林和罗斯福则是抽烟的人。而希特勒想在"终极胜利"之后撤销士兵的香烟配给，因为他担心这些士兵的生殖能力和工作能力。他认为烟草是"红人"对"白人"的报复，因为"白人"用酒毁掉了"红人"。到最后希特勒甚至相信德国民族之所以"被拯救"要归功于他不抽烟。

抽烟当然是个缺点。德国联邦宪法法院前院长宾达总是一边研读档案一边抽烟，他表示："在如今盛行的看法中，这样坦白承认自己的缺点是被瞧不起的。"法兰肯贝格当然跟第三帝国扯不上关系，他看起来是个和善的人，一个受过训练的紧急心理咨询师，声音柔和，心地善良，像个传教士，一心想消除最后百分之十五的恶。然而，这种危险在任何时代都相同：某个人自以为知道通往幸福之道，他变得狂热，自认为必须拯救世界。顺带一提，法兰肯贝格同时也想“彻底改变”整个教会。目标总是很大，也总是在改变，今天的目标是：干净的人生活在干净的空气里。如果没有别的办法，就只好强迫大家获得幸福。我们哪里在乎什么宽容，一旦看出了什么是正确的事，缺点可以改正，必要时就用上法律吧。

而若是这样继续下去，会变成什么情况？布鲁塞尔的欧洲议会讨论过要禁止糖果广告。德国巴登-符腾堡州禁止小杂货铺和加油站在夜间贩售酒类。这将会成为一个干净、美丽的全新世界。在柏林已经看得出这个趋势：不久前在热闹的菩提树下大道开了一家“妮维雅之家”，也就是所谓的旗舰店。前面卖的是湿纸巾、沐浴乳和乳霜，后面是用白色、米色和天蓝色装潢的“娇宠餐饮吧”。餐点的名称叫做“心灵香膏”和“可口美食”，有蔓越莓羊酪沙拉和由香菇及黑色甜菜浓缩汁做成的饮料。瓶身上写着“免疫防御”和“功能性浓缩液”。如果吃这种食物，大概可以变成人瑞。清洁纸巾免费。这里当然不再有人抽烟。

再过几年，我们在明亮的餐厅里将只会喝到有机果汁，水果产自完全符合人权标准的有机果园。菜单上会印出每道食物的卡路里含量，一道菜肴的碳水化合物含量不得超过百分之十二，含盐量、含糖量和脂肪含量将由法律规定。

我们将在 iPad 上阅读没有印刷油墨的报纸，苹果公司从 iPad 上移除了裸女和暴力。服务生将会不时管控聊天话题：不准聊政治与经济，聊聊体育可以，只要音量不超过一定的限度。门口将停着电动小汽车，我们开车时要戴上安全帽。而在家里，在进行性行为之前要注意各式各样的卫生规定——彼此先交换电子身份证明芯片，里面有可能患有的疾病资料。

然后我们也会发明伍迪·艾伦电影《傻瓜大闹科学城》里那种“性高潮机器”，最后这种肮脏的身体接触将彻底被省略。我们做这一切都出于自愿，我们要求制定这类法律，因为我们认为这对大家都好。

抽烟向来受到反对。詹姆斯一世在与雷利爵士打赌的伊丽莎白一世之后继位，他在一六〇四年以国王之尊写下反吸烟的论战文章《坚决抵制烟草》。最后，恪守道德规范的维多利亚女王在十九世纪下令禁止在她的王宫里抽烟。她在位的时代是那么了无乐趣，以至于连搜集蕨类都变得热门，因为蕨类的生殖器官端庄地藏在叶片底下。她的儿子爱德华七世在各方面都正好相反。他喜欢赛马、赌博和戏剧。而且他虽然胖得要命，却有数不清的绯闻：他爱女人，女人也爱他。

他在位的短暂时期是第一次世界大战前夕，那是最后一个充满缺点和欲望的动荡时代。在他母亲死后，当时五十九岁的爱德华邀请了朋友到白金汉宫，做了对维多利亚主义和虔敬主义非做不可的事——他用一句话结束了它们。爱德华掏出他的雪茄，点燃了一支，对在座的人说："各位，你们可以抽烟。"

原刊于《明镜周刊》（二〇一〇年八月二日）

注释

[1] 沃尔特・雷利（Walter Raleigh，1552—1618），英国作家、政治人物兼探险家，被伊丽莎白女王封为爵士，曾航行至北美洲及中南美洲，并把烟草引进英国。

[2] 保罗・奥斯特（Paul Auster，1947 年生），美国当代知名作家，作品包括“纽约三部曲”。《烟》这部电影由他编剧，并由他和华裔导演王颖共同执导。

[3] 生态民主党（简称 ödp）是德国政坛上一个聚焦环保议题的小党，于一九八二年成立。

这一切你还弄得懂吗？

——对现实的提问

德国退出欧元区会比较好吗？有人考虑过中国会加入欧盟吗？你是否愈来愈不会使用饭店房间的电视遥控器？你还记得儿时的暑假吗？你过得好吗？

你还了解欧元这回事吗？希腊会退出欧元区吗？如果德国退出欧元区会比较好吗？也许欧元只是个错误？这一切那是谁想出来的？均特·费尔霍伊根先生和他的"欧盟扩大委员会"如今到底在干什么？有成立"欧盟缩减委员会"的计划吗？不能解约的条约具有效力吗？"高效率的欧洲银行管理"这个词令你不安吗？

默克尔总理喜欢在足球比赛之间宣布重要决定，这是巧合吗？她在柏林穿那件蓝色外套是为了欧盟吗？她在自己的家乡乌克马克会穿什么呢？地形风景真的会塑造一个人吗？在其他国家也有这么多风力发电机吗？

你是否注意到关于欧盟的文章现在你只读得下四行？你认为默克尔总理害怕市场吗？“德国股市指数”是善是恶，还是说善恶这种概念在此根本不适用？此时欠下个人债务是明智之举吗？你觉得“欧元”是个丑陋的字眼吗？你觉得“财政协定”听起来比较顺耳吗？当有人说财政协定使得欧盟不可逆转，你是否觉得不太舒服？你信赖“不可逆转”这个词吗？

为什么每次召开高峰会议，欧洲各国的领袖都得拍一张合照？会有人为了谁该站在前排而争吵吗？站的位置跟政治人物的身高有关，还是跟国家的大小有关？默克尔总理用双手比出的三角形有什么意义吗？[1]在你认识的人当中还有谁拍照时会这么做吗？

有人考虑过中国会加入欧盟吗？中国可以把欧洲买下来吗？信评机构是否也会被降低评价等级？你认为这些机构若是由德国政府接管是否合理？你想和前总理施密特[2]一起抽根烟吗？

默克尔总理是否因为想要独自思考经常取消约会行程？社会民主党的斯坦布鲁克、加布里尔和斯坦迈尔说明了欧元这件事吗，还是说这几位先生不敢问自己这个问题？你认为国会议员针对他们所表决的议案读了所有的资料吗？默克尔总理偶尔会发短信提醒她先生去买牛奶吗？从错误中学习在政治上是明智之举吗？你是否愈来愈弄不懂饭店房间的电视遥控器该如何使用？假如有政治人物公开表示惭愧，这会令你心情沉重吗？

一个提供电脑修图软件的企业为什么价值十亿美元？你喜欢房地产泡沫吗？德国政府的财政预算是三千一百三十亿欧元，而德国对欧盟的经济援助义务则是三千一百亿欧元，这是好事吗？你曾经在一座机场动过把行李搁下不加看管的念头吗？财政部部长萧伯乐先生真的在小时候就能心算出八角形的面积吗？

你认为可能会发生内战吗？假如你的住处有个壁炉，你会比较心安吗？你有偷偷购买存粮吗？为什么会有个公务员人才库，那究竟是什么？你觉得柏林的总理府太大了吗？副总理罗斯勒看起来这么年轻，这会令你感到不安吗，还是说你不在乎？

比起实施欧元之前，你更喜欢如今的罗马吗？你一眼就能判断一个面包在荷兰的马斯特里赫特是否卖得太贵，这令你感到自在吗？如今你在葡萄牙的超市里能应付自如吗？你乐意当瑞士人吗？

一家希腊公司在生产潜艇电池上居于领先地位，这令你吃惊吗？你知道金本位制是什么吗？你还沉湎于金本位制吗？你愿意了解什么是欧洲债券吗？你曾经问过自己这些名词都是谁想出来的吗？

你对“欧洲稳定机制”[3]的法律形式有什么看法？你有没有思考过，西班牙银行获取政府税收，这样是否正确？你想出答案了吗？政治人物何以知道“德国联邦宪法法院”会怎么判决？为什么另外一些政治人物仍要抱怨？当我们在大海上和在法庭上时，实际上是在上帝手中吗？这和上帝粒子有关系吗？对于有所谓的“机构投资者”，你感到高兴吗？

因为人类负债超过五十万亿美元，可以说人类破产了吗？你知道这些债务是在谁那里欠下的吗？你能够解释“债务削减”意味着什么吗？你确定这和黄金分割没有关系吗？切割者是否比被切割者更痛苦？挪威人都很有钱吗？希腊的资产负债表是假造的吗？荷马是一个人还是一群人，这重要吗？Libor（伦敦银行同业拆放利率）和 Eurobor[4]（欧元银行同业拆放利率）这两个名词让你联想到什么，还是说你觉得应该叫做 Euribor？

我们可以要求哪个人对这一切负责吗？你还记得儿时的暑假吗？你偶尔会想起露天泳池、苹果树和棒冰吗？你过得好吗？

原刊于《明镜周刊》（二〇一二年七月九日）

注释

[1] 默克尔总理常被拍到把双手搁在腹部，双手的拇指及食指相碰，形成一个三角形（也有人说是菱形）。

[2] 施密特（Helmut Schmidt，1918—2015），德国政治家，属社会民主党，一九七四年至一九八二年担任联邦德国总理，一九八三年起担任《时代周报》发行人，他是个瘾君子，替该报撰写的专栏就叫做“和施密特一起抽根烟”。

[3] 欧洲稳定机制（European Stability Mechanism，简称 ESM）是欧元区的成员国于二〇一二年成立的一个危机解决机

制，为面临债务危机的成员国提供金融援助，以维持欧元区的财政稳定。

[4] 欧元银行同业拆放利率（the Euro Interbank Offered Rate），应写为Euribor。

因为我们不这样做不行

——谈写作

> 尽管大家对新科技、对一篇文章的快速传播感到陶醉，写作本身自荷马以来都不曾改变。就算这话不中听，我还是要说：假设没有钱拿，我就不会再写作。

最近网络上有两名艺术大学学生请网友表决，是否要用他们设计的断头台把绵羊的头砍掉。那头羊名叫诺贝特，模样可爱。百分之四十的人决定要杀它。这两名大学生做了一件有意义的事：他们激起争论，彰显出表决的危险。我们不妨想象一下，假如事情涉及一桩性侵罪行，我很肯定，百分之九十以上的人都会赞成重新恢复死刑[1]。我们才刚感受过这样的氛围：女童蕾娜被谋杀，艾姆登市一名无辜少年遭到怀疑，脸书立刻出现对他施以私刑的声音。

代议制民主或许有许多缺点，决策过程往往十分复杂，要平衡各方利益很不容易，政府效率显得低下，然而，尽管有这些缺点，代议制民主还是比我们所知的任何其他政府形式运作得好。这种民主的基础是议员必须对自己的行为负责，他们对我们负责。大多数的政治人物都能认真看待这份责任，所谓“议员的良知”还不是一句空话。

海盗党则是追求另一种政府形式。在做每一项决定之前，要询问所有人的意见，政党代表不重要，他只是个可以被替换的传声筒。乍听之下很民主，事实上却正好相反。

政治没有简单的问题，要在两个选项当中做决定，我们往往缺少必要的知识。希腊应该得到经济援助吗？德国应该退出欧盟吗？这些问题你真想靠自己的知识来决定吗？你了解国际金融风暴，还是中东的冲突？如果凡事都由所有人决定，那么议员就不用负责任。一旦没有人需要负责，我们就会失去自由，届时我们就必须相信所谓的“群众智慧”。

我们要小心翼翼地看待直接民主，就跟制定宪法的先贤一样。他们有过经验，知道民意是怎么回事。历史上太常出现“愚昧群众”“卑劣群众”和“恶毒群众”了。

著作权看来还算安全。到目前为止，没有哪个政党想彻底改变这件事。目前还只在讨论阶段，暂时不提黑客组织“匿名者”令人反感的脱轨行为。讨论是对的，就跟所有的法律一样，著作权无疑有缺点，是否切合实际，必须加以检验。可是，如果去问普通大众，巧克力是应该免费提供还是必须付费购买，这可能会是个危险的问题。如果按照海盗党的意思，将不再有人必须为一本电子书付费，除非他很喜欢这本书。他们认为“网络交换平台”应该被合法化，在那里每一本电子书都可以合法地被免费下载。他们的论点很奇怪：在网络上一切都必须自由流动，创作者对整个系统而言不再重要，连莫扎特也无法享有著作权，即便他所创作的音乐要比德国当代乐手斯凡·瑞格纳高明得多。

老实说，我实在不明白大家对“网络交换平台”的兴奋。我也不明白作家为何应该自己来推销他们的著作，或是海盗党何以想要帮助创作者脱离他们的出版商。我只能猜想这些人根本不知道书籍究竟是怎么产生的。

我的第一本书《罪行》是在夜里写的。白天要跟当事人商谈，跟法官和检察官通电话，还要探监和出庭。夜里才得以写作。我睡得不怎么好，不知何时我就会坐到书桌前开始写作，每夜写上三四个钟头，香烟、咖啡以及电脑显示屏透出的微弱亮光陪伴着我。那些故事来自我的律师经历。菲茨杰拉德[2]写道："在灵魂的真正黑夜里，每刻都是凌晨三点钟。"那是段好时光，不会有电话响起，不会有人发电子邮件，只有我跟我故事中的人物独处，他们完全属于我。

文稿由文学经纪人送到出版社。几天之后，出版社寄了封电子邮件给我："我们愿意出版这本书。"我把这封电邮打印出来，贴在墙上，心想现在一切都解决了，心里很高兴，其实我根本毫无概念。

一个月后，我跟出版社的人见面。他带我参观出版社大楼，对我而言那是个全然陌生的世界。在一个房间的地板上堆着几百份寄到出版社的文稿，而且全被编辑阅读过。午餐时我们谈起印刷数量、市场定位、新闻宣传，也谈到发行代理商会议。这种会议一年在出版社举行两次，代理商会看看那些新书，讨论封面、推荐语、书名，讨论整个程序。这是重要的日子，之后这些代理商会把书介绍给书商，书商熟悉他们的读者群，而没有哪个书商能在购买之前把所有的书读完。可是一本书的成败就决定于此。事情很简单：如果书店里没有那本书，自然也就不会有人买。写书是一回事，出版书则完全是另一回事。

我在开始写作之前就已经认识我的审稿编辑，我们是大学同学。她把稿子寄回来给我，在里面做了大约两百个批注。看起来糟透了。我们几乎讨论了每一个句子，我很佩服她的耐心。审稿之后是校对，检查拼写、标点，然后是看校样，最后则是决定封面。我记不得我们讨论过多少封面，相关信件超过一百五十封。看到为了做出一本像样的书，有多少人在辛苦工作，实在令人感动。我们会讨论用纸、版面、就连精装书里的丝带颜色也得挑选。过了好几个月，第一本书才印出来。等到书印出来了，我把书揣在身上整整三天，走到哪里都带着。

我的第一场朗诵会在柏林勃兰登堡的一家书店举行，现场大约有五十名听众，他们大多数在六十岁以上，很有礼貌，而且很感兴趣。尽管在法庭上我也要面对公众，但是朗诵会上的情况则完全不同。也许我感到没有把握。听众提出我几乎无法回答的问题：你为什么写作？为什么你现在才开始写作？为什么你用这种方式写作？当然还没有人读过那本书，那本书才刚上市一个星期。

接下来还有另外几场朗诵会、访问、人物特写和谈话性节目：德国几乎每一个州都有专门介绍书籍的节目。那段时间我经常坐火车，睡在奇怪的旅馆里，有时候我觉得自己的生活似乎是由出版社的宣传部门在安排。那本书在八月出版，大家都说到了圣诞节，情况会平静些；但并非如此。在那期间，出版社的版权部门把版权卖到了国外，合约以英文写成，我最多只能读懂一半。出版社几乎替我扛下了全部的工作，进行了所有的交涉，令我相当佩服。尽管如此，我有时仍不免要跟译者、各出版社和编辑讨论。我走访了几个国家——不去不行。在那些国家也是由出版社安排一切，从订旅馆到安排翻译人员，乃至协调采访时间，有时候一天接连十几个访问。所有的这些事，没有一件是我自己做得来的。

第二本书《罪责》，我只能在夜里写一部分。我还是睡不好，但那时我还必须在夜里同时处理诉讼案件。刑事辩护律师休假从来不会超过十四天，因为不能撇下当事人，把他独自留在监狱里太久。为了那本书，十八年来我头一次休了整整一个月的假。我想要写作，而且就只是写作。五月，我来到威尼斯，租了间屋子，把自己关着，写完第二本书。我没做别的事，白天写作，夜里就在空荡荡的市区散步。我只在白天把手机开机一个小时，也不回复电子邮件。写作突然又顺利起来。那本书也是八月出版，从那时起直到圣诞节，一切都跟头一本书出版时一样。

写第三本书《谁无罪》时，我必须阅读旧的诉讼档案，去档案室查阅资料，跟幸存者交谈。写作变得更严肃。律师事务所的工作还是跟以前一样多，每一次我的秘书打电话来，我就会气恼，因为过后又得从头开始。在处理案件的一天结束后，我愈来愈难再回到我的稿子上。

然后，事情发生了。在一场朗诵会之后，我在一家饭店的大厅晕倒。我的头撞到柜台的大理石板上，人摔倒在地，就这样晕倒了。有几分钟的时间，我失去了知觉。我在柏林跟一位医生谈起这件事，她很坦白地告诉我，必须做出决定，同时过两种生活是不行的。写作或是去律师事务所工作，两者只能择一。事情就是这么简单。

她说得没错。根本的问题在于写作的过程，这个过程跟我所知道的任何过程都不一样。一切都在脑子里形成，想法、气氛、人物，在很长一段时间里，整个故事都很脆弱，既易逝又任性。一不小心，它就会消失无踪，你必须小心翼翼地对待它。美国作家乔纳森·弗兰岑在一个放下遮光窗帘的房间里写作，他的电脑没有连上网络，他戴着只发出沙沙声的耳机，他说那听起来像在大气层中的太空舱里。另一位作家在阁楼里写作，戴顶特大的帽子，帽檐几乎要碰到电脑屏幕，只为避免看见其他东西而分心。有些作家为了能专心写作而到日本或印度。当然，据说海明威连在战壕里都能写笔记，也有些人在咖啡馆里写作。不过，所有作家都需要安静，那是一段不受打扰地跟一个故事独处的时间。

这一点我必须学习。处理刑事案件所使用的策略不同，它是在档案以及跟法官、同事与当事人的谈话中形成。在主要的审判程序中，重点往往在于迅速掌握情况，想出应该询问证人哪些问题。那是个社会过程。但写作不是，写作与此正好相反。

在写作的当下，你无法再做别的事，每一件令你分心的事都会让你倒退，每一个电话、每一封电邮、每一个约会都是干扰。可是相对地，你得到了另一些东西，某种十分美妙的东西：你在你的脑袋里旅行，跟你笔下的人物相遇，到最后你完全活在自己的书里。一段时间以后，这会令你如痴如醉，尽管有那一切的辛苦，写作时要命地辛苦，你却会上瘾。几年前我读到一篇对美国作家菲利普·罗斯的访问。他说，当自己写作时才算真正活着。当时我觉得有点可笑，如今我想我懂了。三个月以来我都在写作，完全不做其他的事。我只偶尔去一下律师事务所，所有的朗诵会、各式活动和媒体邀约都被我取消了，接下来的十二个月，我必须跟我的新书独处。中断难免会有，但我会尽一切的努力。我明白不这样做是不行的。

也就是说，一本书不是顺带形成的。提议作家亲自处理自己的作品与后续发行实在是荒谬。作家应该写作，他们的书则必须由别人来销售。就算有人疯狂到想自己尝试，这在国内也许勉强还能想象，在国外就根本无法想象。一个德国作家要如何在日本“出版”他的书，或是在美国抑或韩国？他要怎么找到编辑？在国外他要如何约定与媒体见面的行程？要他去跟中国、俄罗斯还是阿根廷的美术设计师讨论，还是跟那些国家的书商讨论，或是跟一家报社、一家电视台讨论？

电子书令我兴奋，Kindle 是个很棒的阅览器，一个 iPad 躺在我书桌上。我每天使用网络，在线上阅览报纸，我用网络搜集资料，也有自己的网页，可是我永远不想自己来推销自己的书。而且你真要指望年长一辈的作家来做这种事吗？像是德国作家马丁·瓦尔泽[3]或瑞士神学家孔汉思[4]？如果我需要一件衬衫，我会去店里买，不会自己动手缝。我们活在一个分工的世界。尽管大家对新科技、对一篇文章的快速传播感到陶醉，但写作本身自从荷马以来都不曾改变。写作没有捷径，你还是得一句一句地写。

另外，出版一本书要花钱。政府要抽百分之七，书商大约拿到零售净价的一半，另一半分给纸张供应商、印刷厂、排版公司、代理商、出版社员工——从文件递送员到编辑乃至发行人，每个人都得拿到薪水，最后作者拿到他的酬劳。总账是个综合计算：畅销书支撑了诗集，假如没有史蒂芬·金，就没有德国诗人格林拜恩。财务风险由出版社承担。出版社会付给作家一笔预付款，不管他的书将来卖得好不好。大多数的作者很难靠预付款过日子，他们靠着奖助金、替报纸写稿或是担任城市驻市作家来维持生计。就算这话不中听，我还是要说：假如没有钱拿，我就不会再写作。当然，我写作不是“为了”钱，没有哪个头脑清楚的人会这么做，因为失败的概率实在太大了。

大多数的作家说他们写作是因为他们不能不写，说写作是他们的生命。可是，他们全都需要钱来替自己买到写作所需要的时间。没有钱，就没有文学，事情就是这么简单。德国作家库尔特·图霍夫斯基[5]于一九二〇年写道："德国作家的处境堪忧。如果他不是运气好，或是很懂得掌握市场，或是有一份好副业，他就可能会饿死。"在这一点上，过去九十年来没有太大的改变。恳请各位想想这一点，倘若你们想从"网络交换平台"下载一本书的话。

原刊于《明镜周刊》（二〇一二年五月二十一日）

注释

[1] 德国于一九四九年废除死刑。

[2] 菲茨杰拉德（Francis Scott Key Fitzgerald，1896—1940），美国作家，代表作为《了不起的盖茨比》。

[3] 马丁·瓦尔泽（Matin Walser，1927 年生），德国作家，主要作品有《惊马奔逃》《恋爱中的男人》等。

[4] 孔汉思（Hans Küng，1928 年生），瑞士神学家、宗教哲学家，倡导"全球伦理"和"宗教对话"。

[5] 库尔特·图霍夫斯基（Kart Tucholsky，1890—1935），

魏玛共和国时期重要的政论家、文学评论家和诗人，一九三五年在瑞典哥德堡家中自杀身亡。

舍弃的艺术

——iPad何以会是阅读的未来

> 我们无法阻拦事物的发展，它们比我们更快。尽管如此，只要我还能够，旅行时我仍将继续携带沉重的书籍，否则我就会觉得若有所失。

“有毒瘾的人哪怕只出门一步都要带足这种致命物质，同样地，若未备妥足够的精神食粮，我也从来不敢出远门。”毛姆[1]在他写的欧莉芙·哈第故事中这样写道，接着又说，“可是当我打算要出远门，问题就大了，大得吓人。从那时起，我就订下一个原则，旅行时带上能买得到的最大号洗衣袋，塞满能适合任何场合及心情的各种书籍，这袋书重达几十公斤，就连身强力壮的搬运工人扛着都会呻吟。海关官员用怀疑的目光打量它，

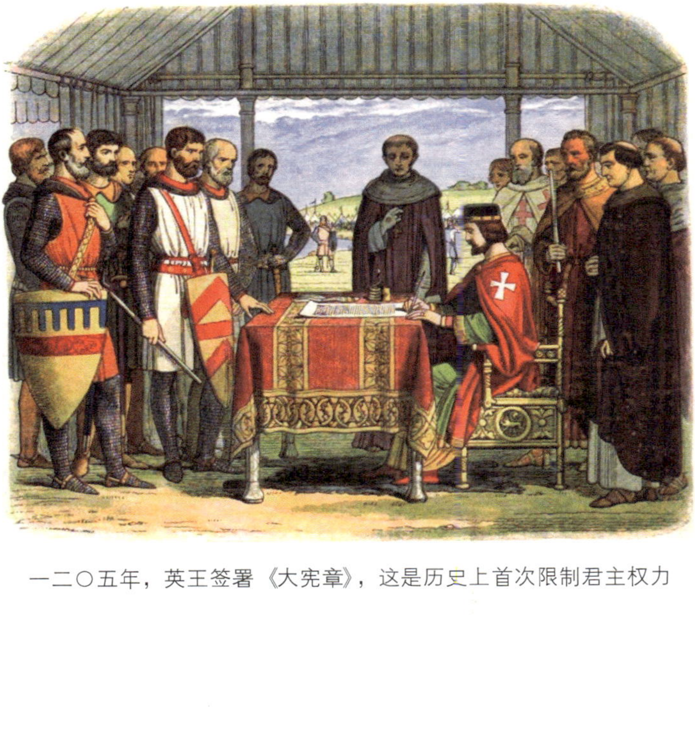

一二〇五年，英王签署《大宪章》，这是历史上首次限制君主权力

一八四六年维多利亚女王和她的家人，左二为后来的爱德华七世

可是当我向他们保证袋子里就只有书时，他们就愕然后退了。这样的袋子却有一个缺点，就是你想要的那本书通常躺在最底下，若要拿出来，非得把整袋书都倒在地板上不可，不过，若非如此，我也许永远也不会得知欧莉芙·哈第这桩逸闻。”

毛姆那篇故事讲述的是一桩奇特的兄妹乱伦的事，故事内容我几乎已经忘了，但是这个装书的袋子我还记得。如今我也还是这样。就算只是出门去度个周末，我也总是带很多书，因为我从来不知道我在两天里会想读些什么。

我生长在一个类似的世界。小时候我们住在乡间，有时外婆会站在门口台阶上，当邮差从大门进来，手里拿着邮件喊道：“没什么重要的信。”那时候没有电子邮件，但有电报。我外曾祖父的汽车上装置了第一部无线电话，一部所谓的“A 网”电话，如果有人想打电话给他，他必须不断地告知接线生他那一刻人在哪里。一切都很复杂而有趣。打电话贵得要命，听到“国际电话”这个词大家都肃然起敬。我八岁时有一次和父亲住进汉堡的一家旅馆。浴室的墙上装了一部电话，父亲允许我打电话给母亲，当时我心想世上再没有比这更奢侈的事了：在浴缸里打电话。

又过了几年，当我去一个女孩家里接她，我得要先按铃，站在她家门口等。透过对讲机沙沙作响的扩音器，她说她马上下来。那时冷得要命，她让我在门口等了几分钟。她总是这样。然后她走下楼梯，我能听见她的鞋跟踩在老旧的楼梯上，她打开门，吻了我。她的脸暖呼呼的。我们给彼此写信，她的笔迹柔和，字总是写得整整齐齐，跟我完全不同。那是一九八四年的冬天，那年我二十岁。

在接下来的二十五年里，这一切都逐渐消失了。不知从何时起，委托人开始写起电子邮件。手写的信件愈来愈少，但年纪较长的人至少还会用粗粗的钢笔写上信件的抬头。忽然之间我们全都有了 PalmPilots，可以用小得可笑的笔在上面记下约会和电话号码。我买了第一代的“苹果牛顿”[2]，它大约跟一块砖头一样大，至少也一样重。照理该把它塞进外套口袋，可是谁也没有这么大的口袋。不过它也有优点。如果同伴进电影院时迟到了，你可以用开了机的“牛顿”向他招手，指引他找到座位："牛顿"会发出绿光，小时候我想象尼莫船长"鹦鹉螺"号[3]上的银幕就是这种颜色。如今若是去接一个女孩，可以坐在温暖的车里用手机打电话给她，不必再站在寒冷之中了。后来有了黑莓机，这个世界变得更快了。

而现在我有了 iPad。它由一片黑色玻璃屏幕构成，比一张 A4 纸张的长度大约少六厘米、宽度少两厘米。机身很薄，重量大约是七百克。而且，我现在就告诉你：它是未来。就这么简单。根本不需要讨论。

你还记得第一部《哈利·波特》的电影吗？其中一幕是一份报纸上面有着会动的图片。iPad 就像这样。举例来说，如果你从英国广播公司下载一个 APP（苹果公司这样称呼那些小型应用程式）到 iPad 上，你就能阅读文章并且观看短片。当然这些事你也可以用笔记本电脑来做，但是用 iPad 做起来全然不同。其实这只是个伎俩。一个古老的伎俩，但仍然会起作用。莱辛[4]曾说，绘画的艺术在于舍去。密斯·凡·德·罗[5]宣称："少即是多。"而苹果公司设计总监乔纳森·艾维的榜样是狄特·拉姆斯，他是百灵公司（Braun）的传奇产品设计师（当然，那是在该公司开始生产如今这种奇丑无比的剃须刀之前）。拉姆斯说："我们可以从大自然中学到舍去是有意义的。" iPad 是此一设计原则的巅峰之作。它是如此简单，就连三岁小孩都能操作。它一目了然，完全无须解释，以至于连使用说明都无须附上。

iPad 将会改变我们的世界，一如 iPad 改变了音乐界。当你人在曼谷坐在一辆计程车上看向窗外，眼观街上熙来攘往，耳听巴赫的《哥德堡变奏曲》，这是种幸福。不久之后我们将会在 iPad 上读报纸杂志。想象一下，你将不必再随身携带厚厚的《法兰克福汇报》和《时代周报》，而将在早晨收到这两份报纸的电子版。就这么简单。你可以在通勤火车上读。作家伯恩哈德[6]曾描写过他必须大费周章才能买到《新苏黎世报》，因为在萨尔兹堡买不到。我在 iPad 上下载了一个《明镜周刊》App。到了四月底就人人都能下载了。老实说，比起纸质版，现在我就已经比较喜欢在 iPad 上读这本周刊了。我可以把图片放大，也不会再把周刊随处乱放，可以把之前的旧周刊一并携带，尤其是 iPad 上的版面更漂亮。对报业来说，这也许是最后一次机会，能让他们把借由免费网页而转过头的轮子再倒转回去而赚点钱。

将来我们会在iPad上阅读书籍吗？当然会。但我还需要一点时间来习惯这件事。我喜欢印刷出来的书本，喜欢纸张，喜欢翻动书页（iPad以电子方式加以模仿）和书封的亚麻布面。用旧起毛的页面和书脊还具有某种意义。书本立在书架上，当我从旁边走过，我会想起这些书，想起我阅读它们的时光。但是如今可以不假思索地携带几百本厚厚的书，这实在是不可思议。你可以在iPad上加进书签，可以在专业辞典里查阅词条，也可以在书里搜寻特定字词。也许我们得先把辞典下载到iPad上，例如《杜登德文大辞典》《布罗克豪斯德文百科全书》，尤其是专业文献。要在iPad上搜寻一种药物，当然要比在《药典》[7]上搜寻来得容易。而且很可能会有许多人因为有了iPad而重新开始阅读——那些平常很少去书店的人。在iTunes商店里（这是苹果公司销售App的平台），如今出售的书籍多于游戏。甚至在iPhone上也是如此，在那个小小的屏幕上你只能很辛苦地阅读较长的文章。为了iPad，苹果公司创造出一种销售书籍的新方式。画面上是个不怎么漂亮的松木书架，在书架上用手指一按就可以买书。苹果公司用iPad做到了我原本认为不可能的事：电子书读起来非常好读。

当然，你也可以用iPad来做所有其他事情。游戏、银行交易、电子邮件、备忘录和通讯录——应用程式有几千种，其中许多设计得很妙。你也可以观看电影，影片也可以通过iTunes商店来购买，而不必去影音商店跑一趟。不过，这些事在笔记本电脑上更容易处理。iPad的附加键盘似乎毫无意义，毕竟iPad妙就妙在它只是个屏幕。还有另一点我不明白：你必须一直把iPad拿在手上。时间一长，就不太舒适了，尤其当你用iPad来看一部电影。在虚拟键盘上写字对我来说不甚愉快，我老是打错字，如果要写一封较长的电子邮件就很辛苦。而真正令人苦恼的是：用了二十分钟之后，iPad就布满了指纹和油垢，看起来不甚美观。iPad无法取代电脑，也根本无意取代电脑，而是衍生成另外一种不同的物件。说到最后，我觉得这件工具是个极佳的新销售渠道：iPad非常适合杂志和书籍。就这一点而言，iPad 比任何一种笔记本电脑都更合适。

不过，iPad 也有其阴暗面：苹果公司会审查图文内容。《图片报》[8]不准刊登裸女照片，任何形式的性基本上都是禁忌。这种审查当然算是非常温和的，而且在我们欧洲人眼里其实也有点幼稚。但这毕竟是审查，而且这显示出这家大企业还能做出什么事来。更糟的是：不久之后苹果公司就会成为一家垄断企业，会比从前的微软更有势力。每一种需要付费的 App，苹果公司要赚三成。报社和出版社将不得不配合，就跟先前的音乐界和目前的电影界不得不配合一样。如果 iPad 不再有竞争对手，大家将全都处于一种新的依赖状态。苹果公司有些股东把乔布斯称为 iGod，用这个词来形容这位身穿黑色高领毛衣和牛仔裤、戴着无框眼镜的首席执行官。也许这个称呼并没有错：根据最近的财务报告，苹果拥有将近四百亿美元的储备金。该公司的股价市值远远高过奔驰汽车和德意志银行的总和。

有时候我会怀念此类时代。我还记得在沙滩上风把报纸从我们手中吹走，记得我们在意大利时坐在咖啡馆里，试着阅读意大利文的《晚间邮报》。我不愿意想象一个没有书籍的住处。我们无法阻拦事物的发展，它们比我们更快。尽管如此，只要我还能够，旅行时我仍将继续携带沉重的书籍，否则我就会觉得若有所失。

原刊于二〇一〇年四月十二日《明镜周刊》

注释

[1] 毛姆（Somerset Maugham，1874—1965），英国作家，作品包括剧作、长篇小说及短篇小说。本文中所提到的故事出自一篇题为《书袋》（*The Book Bag*）的短篇小说。

[2] 苹果牛顿（Apple Newton），苹果公司早期开发的掌上电脑，但并未获得想象当中的成功，后来停产。

[3] 尼莫船长是法国作家凡尔纳（Jules Verne，1828—1905）笔下的人物，尼莫船长和他的潜艇“鹦鹉螺”号曾出现在《海底两万里》和《神秘岛》这两部小说中。

[4] 莱辛（Gotthold Ephraim Lessing，1729—1781），德国作家、哲学家及艺评家，为启蒙时期代表人物。

[5] 密斯·凡·德·罗（Ludwig Mies van der Rohe，1886—1969），德裔美籍建筑师，与柯布西耶及法兰克·洛伊·

赖特同被视为现代建筑的先驱。

[6] 伯恩哈德（Thomas Bernhard 1931—1989），奥地利作家，作品包括小说、剧作及诗歌，为战后德语文学界的重要作家。

[7]《药典》（*Rote Liste*，字面意思是“红皮名册”）上面收录了所有在德国市面上能买得到的药品的名称，每年更新，有纸质版也有电子版。

[8]《图片报》（*Bild Zeitung*）是在全德国发行的一份八卦小报，发行量在德国各报中居首位。

徒留回忆

——在耶稣会圣布拉辛寄宿学校的童年

> 所有的回忆都是平凡的，所有的回忆也都是神圣的。除此以外我们别无所有。

“在那些日子里，牛津还是个有如铜版画的城市。男子在宽敞、安静的街道上行走交谈，一如在纽曼[1]的时代。那里有秋雾、灰蒙蒙的春天和夏日里罕见的灿烂，当栗树开花，悠扬的钟声回荡在那些三角墙和圆屋顶之间，她散发出历经几个世纪的柔和青春气息。正是这种修道院式的静谧，使得我们的笑声得以回荡。”

第一次读伊夫林·沃的《旧地重游》[2]时，我十六岁。当时我是耶稣会圣布拉辛学校的学生，是所谓的

“住校生”。“通勤生”则是来自附近村庄的孩子，他们只有上午待在学校。写下《旧地重游》的伊夫林·沃是个保守而古怪的英国人，他改信了天主教，而他所写的《旧地重游》也许是描写英国贵族之没落最出色的一本书。但是对当时的我来说，《旧地重游》并没有像托马斯·曼的《布登勃洛克家族》[3]或是兰佩杜萨的《豹》[4]一样令人着迷或令人感动，在当时这本书尚未让我觉得唤出了一个正在没落的时代。寄宿学校的安静和与世隔绝使我得以生活在布莱希尔德庄园，赛巴斯蒂安、他的泰迪熊、查尔斯·莱德和书中所有其他人物对我来说都是真实的，他们随时可能从转角出现，带我一起走。由于年少，外面的世界对我们还没有影响，这类书籍能够塑造我们。文学顶多只能做到这样，而这也只有在这种地方才可能。后来电视上播出了改编自这本书的电视剧，由杰瑞米·艾恩斯主演，我们谁也没有错过一集，尽管当时我们每星期只准看一部影片。

我十岁时去到圣布拉辛，在那里一直读到高中毕业。虽然我受的是新教徒的洗礼，耶稣会教士依旧允许我入学。萨勒姆王宫中学不在考虑之列，那所学校显得太世俗，而适合我去读的罗斯雷本新教寄宿学校又位于民主德国境内。

第一个夜里我睡不着，我们全部睡不着。每个人的衣服在家里都被绣上了号码，我的号码是222。我们每个人都有数量相同的内裤、内衣、长裤、外套、毛巾……家长们都收到了寄宿学校所列的清单。绣上号码有其必要，这样洗衣部才分得清楚衣服是谁的，全校有将近八百名学生，而每个人在洗衣部都有属于自己的格层。神父若是逮到我们在干什么坏事，他们可以翻开衣领，把号码记住。一切都是陌生的。在寄宿学校里，班级被称为分队，也许是因为创建这个修会的罗耀拉修士曾是名军官。在第一分队里，我们三十个孩子睡在一间大寝室里，一张床接着一张床，中间摆着小小的浅色木制床头柜。在两间大寝室中间是盥洗室，六十个洗手盆一字排开，没有热水。在严寒的冬天，有时从水管里落下的是小小的冰珠。在这间盥洗室里，我们和隔壁分队交战，我们在夜里碰头，带着毛巾做成的武器——在毛巾上打了结。那是对抗乡愁和孤单的好方法。还远远不止于此，那是我的童年。

在我的记忆中，圣布拉辛是个寒冷的地方。积雪覆盖的时间长达四个月，树枝上悬着冰柱，而且因为夜里窗户仍然开着，早晨会冷到我们不得不在被窝底下穿衣服。我常常写信回家，说我不想再待在那里，我冻得要命。暖风机当然被禁止使用，但我们还是会想办法弄来，直到又被没收。

我不知道是否有无忧的童年，我不认为有，我们孩提时所经历的事大多过于复杂。但我记得那些长长的走道，我们在上面奔跑叫喊，也记得和朋友一起度过的下午，记得在一间校园里的小木屋中度过的周末，记得我们有时间做各种事情。当时重要的就只是你这个人和你所做的事。几乎每一件事都很辛苦，零用钱的数目有严格规定，只够让我们在当地的咖啡馆点一客冰淇淋，而我们会在那客冰淇淋前面坐上几个钟头。后来到了高年级，我们会去一家餐馆烟雾弥漫的里屋，那当然是违反校规的，我们在那里吃最便宜的餐点——一盘鸡蛋面疙瘩。如果有神父去那里巡察，我们就从后门溜走，餐馆老板总是会给我们打暗号。尽管如此，世界仍然属于我们。我记得和我一起建造第一间树上小屋的朋友，也记得在假期之后搭火车返校，记得黑森林山谷的幽暗，只因为有其他同学的嘹亮声音，我才忍受得了那片幽暗。

我在那时候开始阅读，大概是出于无聊。纳博科夫[5]曾说：小孩必须感到无聊，一切才会由此而生。我记得那些关于书籍和戏剧的谈话，而且我知道，若是没有圣布拉辛就不会有那些谈话，至少不会那么热烈。我尤其记得那些友谊，单纯、没有丝毫算计，在友谊中就只有对方，没有掺杂其他。也许这是那些耶稣会教士能做到的最好的事，而那也是如今我最怀念的事。

耐人寻味之处在于那些神父其实并没有教育我们任何事情。也许这是圣布拉辛与其他寄宿学校不同的地方。每天的日程表都一样，而且很严格：从上午七点半到下午一点是上课时间，午餐时间到一点半结束，自习从下午四点到六点三十五分，晚自习从晚上七点到八点。“自习”的意思是我们坐在一个有三十张木桌的地方，必须保持安静，而且要做功课。在二十五年之后我仍然熟记这些日程。星期天有弥撒，平常也有，校规禁止的事有上千件。但是我们也有无穷的机会，每个人想做什么都行，想当什么都可以，学校提供了一切。例如各式各样的体育活动，我们也会搭车到巴塞尔和弗莱堡去看戏剧表演，学校有一个手工艺工作坊，我们甚至还能在最早期的电脑上学习程序语言。名牌服饰在那里会显得可笑，我们都觉得那个戴上第一块昂贵手表的男孩令人尴尬。

孩子们自己教育自己，耶稣会教士只是设下了框架。那当中没有一点是现代教育学家能够容忍的：现代教育学家不会容忍我们因为在夜里太吵闹而被罚写《约翰福音》，直到我们写得眼睛都快掉出来；也不会容忍我们偶尔被赏耳光。但是学校里有了不起的老师：葛里奇内德神父是我的第一个拉丁文老师，他在战时还是士兵，战后才成为耶稣会教士。他已年迈，背心上总有食物留下的污渍，每堂课都用同一句话开场，他会举起手指说："拉丁文是给高尚的人用的。"在这所学校里有许多像他这样的人物，有几个我很喜欢。

承认曾性侵耶稣会学校里男童的S神父是体育老师。从前那座体育馆如今早已被拆除，由一座现代化的体育馆取代，有着大大的窗户和先进的设备。我比较喜欢旧馆，那里有着被踩坏的木头地板和满是球印的粗糙墙壁，看起来不像体育馆。我在这间体育馆中得知苏联军队进入阿富汗的消息，第一次扭伤韧带也在这里。这栋体育馆楼上是间小小的电影院，要爬上我这辈子见过的最窄的楼梯才能抵达，里面的座位不到二十个，布满灰尘，又小又黑，但是我在那里第一次看了《黑狱亡魂》[6]，还做了好几夜的噩梦，我在那里还看了《北非谍影》，一心想和亨弗莱·鲍嘉一样。这座体育馆同时也是学校的剧场。一道铁栅把运动场地和舞台隔开，如果球打到上面，就会发出吓人的哐当声，若想要升起那道铁栅，就必须用手转动曲柄。如今在我书桌上有一本雷克拉姆出版社出版发行的《雷昂采与蕾娜》[7]，它已经被我翻烂了。当年我饰演雷昂采，饰演蕾娜的是我吻过的第一个女孩。我写诗给她，而我不记得曾有何时比那时更为快乐。我无法想象S神父在这间体育馆里上过课。

《旧地重游》那本书的副书名是“查尔斯·莱德上尉神圣而平凡的回忆”。后来我又将那本书读了五六遍，而我愈来愈明白，这本书是我人生中最重要的一本书，就好比有人一生中会有一个最重要的人一样。几年前，我受邀去霍华德城堡[8]参加晚宴，那是座巨大的城堡，影片就在那里拍摄。饭后我独自步行穿过厅堂，穿过图书室和一间间卧室。赛巴斯蒂安已然不在，所有的东西都用红绳拦住了，整理得很好，观光客入内参观要付费，总得要让他们有点东西可看。这栋屋子如今归一个基金会所有，属于一个已逝的年代，一如我童年的世界也已逝去。所有的回忆都是平凡的，所有的回忆也都是神圣的。除此以外我们别无所有。

在听到关于S神父的消息后，一个朋友打电话给我，在三十五年前的头一夜他就睡在我邻床上，后来我们一起通过中学毕业考。我们不认识S神父，当他去到圣布拉辛的时候，我们的年纪已经太大了，他大概只上低年级的课。我们谈起寄宿学校当年的校长应该把他赶走，而我们当然也针对S神父说了些蠢笑话。

等挂掉电话，我明白圣布拉辛忽然有了一种不同的名声，而这些回忆将再也不一样了。

原刊于《明镜周刊》（二〇一〇年二月八日）

注释

［1］纽曼指约翰·亨利·纽曼主教（John Henry Newman，1801—1890），他曾就读于牛津大学，并在牛津任职，直到他于一八四五年因改信天主教而离开牛津。

［2］伊夫林·沃（Evelyn Waugh，1903—1966），英国作家兼记者，他的小说《旧地重游》（*Brideshead Revisited*）出版于一九四五年，曾被《时代》周刊选为当代百大英文小说。一九八一年由此书改编而成的电视剧中文片名为《故园风雨后》，二〇〇八年此书又改编为电影。后文提到的布莱希尔德庄园是故事主要发生地之一。

［3］托马斯·曼（Thomas Mann，1875—1955），德国作家，诺贝尔文学奖得主，其小说《布登勃洛克家族》（*Buddenbrooks*）描述了吕贝克一个大家族的兴衰。

［4］兰佩杜萨（Tomasi di Lampedusa，1896—1957），贵族出身的意大利作家，《豹》（*The Leopard*）是他作品中唯一的一部小说，描写他故乡西西里岛在意大利统一运动时期的社会变迁。

［5］纳博科夫（Vladimir Vladimirovich Nabokov，1899—1977），俄裔美籍作家，代表作为《洛丽塔》。

［6］《黑狱亡魂》（*The Third Man*）是一九四九年的一部

英国惊悚片，由知名小说家格雷厄姆·葛林编剧，获得当年戛纳电影节金棕榈奖。

[7] 雷克拉姆出版社（Reclam）为德国知名的平装书出版社，所出版的“万有文库”平价口袋书，均用黄色封面，每个德国学生手边大概都有几本。《雷昂采与蕾娜》（*Leonce und Lena*）为德国作家毕希纳（Georg Büchner，1813—1837）的剧作，是出隐含社会批判的喜剧。

[8] 霍华德城堡（Castle Howard）是位于英国约克郡的贵族宅邸，连同庭园占地超过一千英亩，有超过三百年的历史，由《旧地重游》所改编的电视剧及电影均在该地取景。

请您务必继续做下去

——为《查理周刊》颁发“M100媒体奖”[1]时的致辞

> 唯有我们自己才能危及我们自己的价值观。我们放弃暴力从而保障能有正当的审理程序，这从来都不容易。这是现代法制的发展史，透过法制，我们才成为如今的我们。

比亚尔[2]先生，各位女士、先生：

大家好！

二〇一一年十一月二日，《查理周刊》杂志社遭人纵火。事发之前几天，该周刊的封面上刊登了一幅先知穆罕默德的讽刺漫画。杂志社被付之一炬，设备全毁，该周刊的网页遭黑客侵入，如今写着“愿神诅咒你们”这类文字，旁边是一张麦加清真寺的照片。

不到四年之后，在二〇一五年一月七日上午将近十一点半，两名蒙面男子闯进杂志社办公室。几名记者、绘图者和一名访客围坐在会议桌旁，桌上摆着蛋糕，那天有人过生日。那两名蒙面男子杀死了十一个人。在逃亡穿过巴黎市区时，这两个凶手对一名倒在地上的警察的脸部开枪，这名警察也死了。稍后又有另一个伊斯兰激进分子杀死了五个人，包括巴黎一家犹太超市的顾客。

那几个男子是阿尔及利亚移民的子弟，在也门接受了基地组织的训练。而几天之后，该恐怖组织的一名首领果然揽下了这桩暗杀的责任。

那是法国自一九六一年以来最残忍的恐怖袭击事件，十七个人遭到杀害：由于几张图画而引起的一场血腥屠杀。

今天这个奖是向那些死者致敬，也是向那些活下来的人致敬。假如这些记者和艺术家不再继续做下去，任何人都能理解。而可敬的比亚尔先生，您和您的同事却还是继续做下去，《查理周刊》仍继续存在，这是一种“尽管如此”——尽管朋友遭到杀害，尽管为他们而悲伤，尽管如今必须在这种情况下工作。为此您获颁任何一个奖都是实至名归，我向您鞠躬。

只有艺术家

在一月七日杀人事件发生后的讨论中，几乎德国每一家报纸都引用了德国作家图霍夫斯基[3]于一九一九年所写的一篇评论。文中图霍夫斯基提出了“讽刺作品有权做什么”这个问题，而他随即自己回答：“一切。”报社的文化记者各自为文，几乎每个主编都写了一篇社论，而他们几乎一致同意图霍夫斯基的看法。这份声援之情不难理解，不过，图霍夫斯基的本意其实完全不同。

他是在一个全然不同的时代写下这几句话。当时德国在第一次世界大战中战败，德皇落荒而逃，社会分崩离析。就跟许多人一样，图霍夫斯基盼望着民主。身为作家和评论家，他为了民主而奋斗，因此他丝毫不在乎他所写的文章是否见容于当局。反正不见容于当局是常有的事。像乔治·葛罗兹和卡尔·阿诺德[4]这些艺术家当时也是官司缠身。因此，图霍夫斯基的意思是：讽刺作品有权容许自己去做任何事，艺术家是对现实感到失望的理想主义者，于是去冲撞现实。

他只经历了希特勒政权的初期。在他写那篇文章时，纳粹周报《先锋报》（*Der Stürmer*）尚未发行。假如他见过那些讽刺犹太人的下流漫画，他写下的这几句话肯定会有所不同。

各位女士、先生，讽刺漫画可以是艺术，而艺术的自由如今在我们的宪法中受到保障。可是要理解艺术究竟是什么，这件事非常复杂。一九一七年在巴黎，法国艺术家马塞尔·杜尚（Marcel Duchamp）把一个小便斗安装在基座上，说这件东西之所以是艺术，是因为他声明它是艺术。后来库特·史维特斯（Kurt Schwitters）和约瑟夫·博伊斯（Joseph Beuys）认为人人都是艺术家，而一切都是艺术。假如此言为真，假如“艺术是完全自由的”此言亦为真，那么人人都可以为所欲为。如若这样，那将是我们社会的末日。二十世纪最重要的艺术史学家贡布里希（Ernst Gombrich）曾说：“准确地说，根本没有‘艺术’，只有艺术家。”这是睿智之言。毕竟事情一向也在于是谁在画、谁在写。艺术就是艺术家做出来的东西。

撇开这些不谈，一份讽刺杂志本来就无须考量“讽刺作品和漫画不可逾越的界限在哪里”这个问题。讽刺作品就是靠着逾越界限而活。如果不再有界限，也就不会再有讽刺作品。如果一切都被允许，也就不再需要讽刺作品。讽刺作品必须要辛辣，必须要批判和挑衅，必须要伤人气人，如果不痛不痒，就毫无价值。因此，艺术家必须不在乎自己所做的事是否被允许。而如今他们之所以能不在乎，也是由于他们不必再为自己的生命担忧。因为在开明的社会里，针对艺术、讽刺作品及讽刺漫画的界限所做的讨论是在法庭上进行的。这也许是艺术的真正自由。

而这也正是《查理周刊》的历史，直到发生了那几起恐怖袭击事件。几个月前，在法国的《世界报》（*Le Monde*）上刊载了一篇文章，标题是“《查理周刊》：二十二年的官司”。事实上，该杂志几乎被所有能提起诉讼的人控告过——包括你想得到的各个宗教组织、政治人物和记者。单是天主教会就对《查理周刊》提起过十四次诉讼——而且次次败诉。该杂志因此置身于一项悠久的传统中。

一个梨子

一桩由于讽刺漫画而起的著名刑事审判于一八三一年十一月十四日在巴黎进行。被告是查尔斯·菲利彭(Charles Philipon)，当时三十一岁，是好几份嘲讽刊物的发行人。菲利彭拥有当时巴黎最大的平版印刷出版社，是共和党人，对国王路易-菲利普一世的权力欲感到失望与厌恶，他认为国王本该是个“公民国王”才对。在他发行的一份报纸上刊登了国王的一幅讽刺画像，上面画着国王用油漆把革命的理想一一涂掉，起初没被审查机关注意到。菲利彭由于侮辱君主而被控告，德国诗人海涅当时曾针对这桩审判写过文章。在法庭上，菲利彭首先陈述理由，说他抨击的并非国王个人，而是“绝对的政治权力”，并且说他有权这么做。众法官摇头。接着菲利彭说，此一控告违反了自一八三〇年就受到保障的言论自由与新闻自由。他弄错了。一八三〇年那份宪章把涉及国王时的言论自由排除在外——顺带一提，宪法也一样。菲利彭不放弃。他向法官说明，如果硬要在一幅图画里认出国王，就能在每一幅图画里都认出国王。因此，凡是画画的人都得受到侮辱君主的指控，不管他画的是什么。

法官看着这个被告，不懂他在说什么。而菲利彭接下来所做的事可谓一绝。他拿了一张纸，画出了国王路易-菲利普的脸——一个面部线条松垮、长着双下巴的肥胖男子。接着他在另外三张草图上把这张脸逐渐改造，从图中拿掉愈来愈多的东西，到最后其实就只剩下国王脑袋的形状，而那是个梨的轮廓。也就是说，菲利彭画的是个梨，而非国王。

尽管如此，他当然还是被判有罪——辩护再杰出有时也难免如此，可是菲利彭把他的辩护词和那几幅素描刊登在《讽刺漫画》周刊（*La Caricature*）和《喧嚷》杂志（*Le Charivari*）上，此举大获成功。从此以后，大家就叫国王“梨子”，不管是谁，如果想要批评可憎的七月王朝和国王，的确就只需要画出一个梨子。

如今再也不会有人因为把国王或总理画成水果而被判罪。一九八二年，德国讽刺杂志《泰坦尼克》（*Titanic*）首次把同样这个名号用在德国总理柯尔

菲利彭画的梨（国王）

（Helmut Kohl）身上。一九八三年，《泰坦尼克》杂志的作者兼共同创办人皮特·克诺尔（Pit Knorr）所写的一本书出版了，由汉斯·特拉克斯勒（Hans Traxler）绘制插图。书名是："梨子——介绍总理的一本书。替我国不成材的年轻人所写的插图课本"[5]。然后在一九八七年，德国基民党/基社党青年联盟采用了这幅图像[6]，在竞选活动中甚至还有梨子贴纸。这也许的确是对待讽刺作品最聪明的办法。柯尔总理必须忍受的侮辱可能超过任何人，而他从未控告过《泰坦尼克》杂志，虽然有几场官司他肯定能赢。

几星期前，希腊执政党激进左派联盟（Syriza）的党报把德国财政部部长萧伯乐画在一幅讽刺漫画中。漫画标题是"谈判已展开"。画中的萧伯乐身穿纳粹制服，两个对话框里写着："我们坚持要用你们身上的脂肪来做肥皂"和"我们就只讨论用你们的骨灰制成的肥料"。那显然是讽刺。看得出萧伯乐的发言人大为愤怒，但他说那是言论自由。在上一期的《查理周刊》里，默克尔总理也被画成身穿纳粹制服，对着一群垂头丧气的希腊人，手指着通往毒气室的道路，下面写着："走进那里，你们的债务就会一笔勾销。”而最新一期《查理周刊》的封面上画着一个在海滩上溺毙的难民男童，背景是麦当劳“儿童餐买一送一”的广告。我很确定：对《查理周刊》的声援很快就会成为过去，而“讽刺作品是自由的”这一呼声即将被遗忘。昨天德国一家大型媒体就已经写道：《查理周刊》失去了好感分数。

各位女士、先生，凡是公众人物——而在座诸位有许多都是公众人物——都不免会遭受批评。每个人都可能由于这份批评而受到伤害，感到委屈。有时这份批评由嘲笑和讥讽构成，有时卑鄙恶毒，有时庸俗愚蠢，只可惜有时也明智合理。我们为之抱怨，我们写信、打电话、到处诉苦，到最后也许会向法院递出诉状。但是就算这份批评远远超出可允许的分际，我们也不会杀害批评我们的人，而且等我们再度冷静下来，我们知道这些批评者的存在乃属必要——哪怕我们受不了他们。

而这个原则对于宗教团体不适用吗？我认为不然。我无法理解亵渎神明如今还要受到特别的惩罚。举例来说，比起一个人的性倾向、肤色或国籍，宗教有什么理由要受到更多保护以免于受辱？我信任我国宪法中那种冷静自由的精神，信任它完全的包容和友善的人性。因此我深信，宗教——一如所有其他理念——也应该要能够被批评。尤其是当宗教成为暴力行为的理由时更是如此。

唯有法治

各位女士、先生，然而最根本的道理其实又是另一件事。现代国家之所以形成，是因为大家放弃了私刑。他们把自己的愤怒和报复需求交给了国家，交出了自己的武器。只有国家才能施加惩罚，只有国家才可以进行被众人认可的审判。自从二十世纪的社会学巨擘马克斯·韦伯（Max Weber）提出了“国家对武力的垄断”（Gewaltmonopol des Staates）这个说法，我们就以此称之，但这个过程本身的历史当然更为悠久。这是公民和国家之间的契约，是我们共同生活的基础：我们放弃暴力，从而受到保障能有正当的审理程序。这从来都不容易，人类花了千百年的时间才走到这一步。这个契约的历史就是现代法制的发展史，透过法制，我们才成为如今的我们。

因此，也不能把恐怖袭击拿来和杀妻的丈夫或是银行抢匪相提并论。恐怖袭击并非只是违反法制，而是攻击法制本身。我们以宪法为基础在报纸、电视及网络上进行讨论，而恐怖分子的唯一目的则在于粉碎宪法。面对恐怖行动的现实，宣称“讽刺作品是自由的”显得天真无助。我们讨论铅笔素描的微妙分际，激进分子却杀人无厌。他们的血腥行为对讨论没有助益，而且不能说他们的受害者对于遭受私刑也要负一份责任——不管这些受害者所做的事是否被允许。

而我们从这一切当中得出了什么结论呢?

我仍然坚信，开明的民主制度只能以法治手段来对待任何人，哪怕是恐怖分子和想要摧毁我们社会的人。唯有如此，才能证明法治国家的自卫能力与货真价实。在我们的愤怒和复仇愿望中，往往有忘记这一点的危险。关塔那摩监狱就只是其中一个可怕的例子。

还有另一件较难理解、较不明显的事。各位肯定还记得，在那次恐怖袭击事件发生后，几乎所有自由国家的政府代表都宣称那不仅是对生命的谋害，也是对“言论自由与新闻自由的攻击”。例如德国总理默克尔就这样说过。是的，这肯定是恐怖分子的计划。但事实上，那件恐怖行动却比其他任何事物更加强了言论自由。在法国及欧洲各地，在阿姆斯特丹、柏林、布鲁塞尔、里斯本、伦敦、马德里、米兰、罗马和维也纳，民众在那次暗杀事件之后不久走上街头示威。在二〇一五年一月十一日，巴黎有一百五十万人走上街头，全法国走上街头的人数甚至超过三百七十万人。有评论者说，自从法国大革命以来，法国还从未有过这么多人为了一件事而走上街头示威。许多人举着牌子，上面用法文写着："我是查理。"他们哀悼死者，也为了自由表达意见的权利而示威。我不认为曾有哪一项基本权利受到这么多人的支持。

《查理周刊》的工作人员在恐怖袭击事件发生后辞去编辑职务，这是人之常情。而其他的记者如今不敢再自由地针对伊斯兰教表达意见，这很可怕。像"M100媒体奖"这样的奖项也许能稍微给他们打打气。

不过，更深一层的真相是：摧毁我们的民主的并非恐怖分子。他们根本办不到。各位女士、先生，唯有我们自己才能真正危及我们的价值观，只有我们这些民主人士能够损害民主，而且这件事发生的速度很快。民粹主义者如今声势日增，政治人物要求制定更严格的法律，情报机关要求握有更大的权力。各地的政党都谈论"欧洲恐将伊斯兰化"，他们觉得巴黎那桩恐怖袭击事件"证实"了他们此言不虚。他们要求针对可疑人物建立资料库，要求建立更严密的监视网络。这是恐怖主义的真正影响，这种影响是间接的，因此而危险。

几星期前，我在苏黎世机场过安检，前面排的是一位十分优雅的老太太，她大约九一岁，显得有点被弄糊涂了，有点应付不来。她的手提行李受到检查，她必须脱掉鞋子，配合搜身，看得出这一切令她多么不自在。她的手提包里有一小瓶香水，安检人员说她必须把这一小瓶香水塞进塑料袋。老太太身上当然没有塑料袋。安检人员想没收她的香水，接着发生了一件我们很少遇上的事。其余的飞机乘客开始抗议，声音愈来愈大，最后，安检人员犹豫了，把那瓶香水还给了老太太。各位女士、先生，恐怖分子差点就已经赢了。我们必须要小心。

认为国家在面对恐怖袭击时无法自卫，这是个幼稚的想法。但如今不管是好战的呼声还是狂怒的行动都无济于事。长期来看，唯有深思熟虑，唯有宪法和法治国家能够保护我们。如果我们背叛了自己制订的规则，我们就会输掉。二〇一一年七月二十二日在挪威，安德斯·布列维克（Anders Breivik）杀害了七十七人，包括三十二名儿童和青少年，出于十足疯狂的伪政治动机。可是事发之后，挪威并未颁布新的监控法律，也没有在学校和夏令营入口放置人体扫描机。挪威总理史托腾伯格正好反其道而行。他在奥斯陆大教堂的追悼会上说："我们将不会放弃我们的价值观。我们的回应是：更民主、更开放、更人性。我们将向世人证明，当事情有赖于民主时，民主就会更加强大。"史托腾伯格这番话当时令我十分感动，如今依然。这番话道出了我们所该在意之事的核心。我们正是该以偏激分子最害怕、最憎恶的东西来与之对抗：我们的包容、我们的人性、我们的自由和我们的法治。

图霍夫斯基于一九三五年去世。德国作家埃利希·克斯特纳（Erich Kästner）后来说他是个"矮胖的柏林人"，想"用打字机来阻止一场灾难"。可是各位可敬的女士、先生，你们知道究竟是什么促使他去批评自己的国家？一如是什么促使他视为榜样的海涅以及后来的茨威格、卡内提[7]、托马斯·曼和许多其他作家去批评自己的国家？那其实不是恶意、憎恨和摧毁欲。正好相反。用一个如今也许稍嫌滥情的字眼来说：是他们对自由的深爱，对生命美妙之丰富的深爱。或者，用更现代的话来说，是他们的信念，相信我们只该生活在一个开明、自由、尊重差异的社会里。

不久之前，我观看了一会儿克里斯托弗大街游行日的游行队伍。一个出奇俊秀的高大黑人男子在街上跳舞。他几近赤裸，只穿着一条紧身内裤，背上背着白色的天使翅膀。路人呆望着他。一个矮小的阿拉伯人带着妻子和小孩站在街道旁，他身高不到一米六，满脸胡须，有点驼背。舞者朝阿拉伯人走近，我心想事情不妙。他在阿拉伯人面前停下来，朝他俯身，用双手捧住他的脸，亲吻了他的嘴。阿拉伯人起初脸红了，但他随即高兴起来，大声地笑了。

我们生活的这个世界并不完美，却优于前几个世纪。而在这个世界上我们需要《查理周刊》，我们需要您，比亚尔先生，您主编的这本杂志大胆而轻浮，风格激烈，一再令人难以忍受，往往逾越了能被容许的尺度。但它也因此具体表达出我们的自由，它是这个世界的一部分，这个在许多个充满抗争、压迫和痛苦的世纪中所创造出的世界。凡是有理性的人都不会想让我们再倒回启蒙时代以前，而本杰明·富兰克林的警告如今要比在他所处的时代更为适用：为了得到安全而放弃自由的人最终两者都会失去。

可敬的比亚尔先生，因此我们请求您，请您把《查理周刊》继续做下去，请您务必继续做下去，不改初衷，而且尽可能就这样一直做下去。

注释

[1] “M100 媒体奖”（M100 – Sanssouci Medien Preis）是柏林波茨坦无忧宫学术讨论会（Sanssouci Colloquium）一年一度所举办之国际媒体大会所颁发的奖项。法国杂志《查理周刊》获得二〇一五年德国“M100 媒体奖”。

[2] 比亚尔（Gerard Biard），《查理周刊》主编，代表该杂志领奖。

[3] 图霍夫斯基（Kurt Tucholsky，1890—1935），德国魏玛共和国时期重要的政论家、文学评论家和诗人，一九三五年在瑞典哥德堡家中自杀身亡。

[4] 乔治·葛罗兹（George Grosz，1893—1959）和卡尔·阿诺德（Karl Arnold，1883—1953）都是德国魏玛共和国时期以画讽刺漫画知名的艺术家。葛罗兹曾因侮辱军队、亵渎宗教等罪名被起诉。

[5] 此书原文书名为 *Birne-Das Buch zum Kanzler. Eine Fibel für das junge Gemüse und die sauberen Früchtchen in diesem unseren Lande*. 其中 das junge Gemüse（生嫩蔬菜）在俗话中也指少不更事的年轻人，而 die sauberen Früchtchen（干净小果实）则指不成材的人，在此处是一语双关的诙谐用法。

[6] 柯尔总理即属基民党。

[7] 提卡内（Elias Canetti，1905—1994），亲历两次世界大战，目睹多次极端政治浪潮，深入探讨群众和权力的本质，最终孕育出《群众与权力》这部巨著。因其“作品富有宽广的艺术视野、丰富的思想和艺术力量”，他获得一九八一年的诺贝尔文学奖。

[8] 克里斯托弗大街游行日（Christopher Street Day）系

支持同性恋、双性恋与变性人权益的一项游行示威活动，在欧洲许多城市年年举行，其中最有名的包括在柏林、汉堡及科隆所举办的游行庆典。

图书在版编目（CIP）数据

尊严：我们侵犯也被侵犯／（德）费迪南·冯·席拉赫著；姬健梅译．—杭州：浙江人民出版社，2018.1

ISBN 978-7-213-08142-2

Ⅰ．①尊…　Ⅱ．①费…　②姬…　Ⅲ．①法律-研究　Ⅳ．①D9

中国版本图书馆CIP数据核字(2017)第165284号

浙江省版权局
著作权合同登记章
图字:11-2016-448

尊严:我们侵犯也被侵犯

[德]费迪南·冯·席拉赫　著　姬健梅　译

出版发行：浙江人民出版社（杭州市体育场路347号　邮编　310006）
市场部电话：(0571)85061682　85176516
集团网址：浙江出版联合集团　http://www.zjcb.com
责任编辑：潘玉凤　许　卉
责任校对：杨　帆
封面设计：刘　俊
电脑制版：杭州大漠照排印刷有限公司
印　　刷：杭州丰源印刷有限公司
开　　本：880毫米×1230毫米　1/32　　印　　张：5.25
字　　数：73千字　　插　　页：5
版　　次：2018年1月第1版　　印　　次：2018年1月第1次印刷
书　　号：ISBN 978-7-213-08142-2
定　　价：32.00元

如发现印装质量问题，影响阅读，请与市场部联系调换。